向松祚 / 著

新经济学

卷五 创造、创新和企业家精神

中信出版集团 | 北京

图书在版编目（CIP）数据

创造、创新和企业家精神 / 向松祚著 . -- 北京：
中信出版社，2020.2（2024.5重印）
（新经济学；卷五）
ISBN 978-7-5217-1285-8

Ⅰ. ①创… Ⅱ. ①向… Ⅲ. ①企业创新—研究 Ⅳ.
① F273.1

中国版本图书馆 CIP 数据核字（2019）第 265040 号

新经济学：卷五 创造、创新和企业家精神

著 者：向松祚
出版发行：中信出版集团股份有限公司
　　　　　（北京市朝阳区东三环北路27号嘉铭中心 邮编 100020）
承 印 者：北京通州皇家印刷厂

开　　本：787mm×1092mm　1/16　　印　张：78.75　　字　数：988千字
版　　次：2020年2月第1版　　　　印　次：2024年5月第3次印刷
书　　号：ISBN 978-7-5217-1285-8
定　　价：298.00元（全五卷）

独立之精神　自由之思想

目录

绪 论

以静态均衡为核心理念的新古典经济学所发展出来的各种理论，皆无法为人类最重要的经济现象和人类经济体系的动态演化给出令人信服的阐释。即使是新古典传统所发展出来的最精彩的理论——产权和交易费用经济学、公司和合约理论、不对称信息经济学、行为经济学等，也无法解释企业家、企业家精神、创造、创新和创造性毁灭。而这些现象才是人类经济动态演化最重要的现象，是人类经济增长最根本的动力。

新古典经济学本质上是没有任何主角、没有任何内在演化动力的经济学，它的理论模型和基本结论对于我们理解人类最重要的经济现象大体上是不相干的。

我们所倡导的新经济学以人心面向未来的无限创造性为核心理念，富有创造性的企业家是人类经济生命体系动态演化的主角，企业家精神、创造、创新和创造性毁灭是人类经济最重要的现象或事实。坦率地说，新古典经济学关于静态均衡的那一整套模型和理论架构是应该被彻底抛弃的，因为那是一种完全与真实世界无关的理论乌托邦。

《新经济学》第一卷系统批判新古典经济学的哲理基础；第二卷完整建立新经济学范式；第三卷系统深入地讨论人心本具自足的无限创造性；第四卷分析作为生命演化体系的经济体系所具有的本质特征；第五卷则阐述企业家、企业家精神和创新生态体系的内在规律。

当今世界，以硅谷和以色列等为代表的全球创新中心最能彰显创造和创新生态体系的无限活力和创造力；以英特尔、苹果、微软、亚马逊、华为、谷歌等为代表的全球顶级科技企业，最能彰显创新和创造性毁灭的惊人奇迹和惊险历程；以任正非、史蒂夫·乔布斯、比尔·盖茨、谢尔盖·布林、拉里·佩奇、杰夫·贝佐斯等为代表的伟大企业家，最能彰显企业家精神的珍贵、崇高和伟大。

《新经济学》第五卷将以硅谷和以色列为主要研究对象。

第一章

创新和企业家精神

企业家是刺激和发动其他一切事情的中枢。我们所说的企业家或创新者就是这样一类特殊人种，他们四处寻找艰难和挑战，为了改变而寻求改变，他们敢于冒险，乐此不疲。

——约瑟夫·熊彼特（1883—1950）

我们今日以面向未来的创造作为人类经济活动本质的关键。人人皆可创造，人人皆有创造的潜能，人人皆有创造的动机或动力。然而，芸芸众生里，最能彰显我们本心或本性的无限创造力者，毕竟只是那些少数人。一个民族、一个国家是众多人口构成的群体。能彰显或具有无限创造力的人数越多，该民族、该国家无论是物质文明还是精神文明，必能发展到一个高级水平或层面，必能日新月异、不断精进，为人类做出巨大贡献。相反，一个民族、一个国家里能彰显创造性的人数越少，该民族、该国家无论是物质文明还是精神文明，必然持续下滑或堕落，下滑到一个很低级的水平或层面。所以美国文化大师爱默生说，一个文明之优劣，主要看该文明培养了什么样的人。

人的最高典范是道德创造性和知识创造性的融会贯通。两者皆达到最高境界的人，才是儒圣先哲所标榜的"内圣外王"的圣人典范。惜哉！后世贤哲渐渐将圣人典范局限于"内圣"一面，而忽视了"外王"一面。阳明心学固然伟大，但毕竟偏重"内圣"，"外王"所开不足（其实根本没有开出来）。所以直到16—17世纪，当西洋文明已经发展到系统性的实验科学和社会科学（当时分别称为自然哲学和道德哲学）时，阳明后学或朱子后学依然还在理学或心学的辞章语句里打转转。虽然其中不乏精彩论说，然而说来说去也不过是古圣先哲早已阐发的义理。

倘若明末清初（16—17世纪）华夏之聪明睿智人士，不再把精神浪费在理学或心学的辞章言语丛林中，而是能够开天辟地，向外寻求科学知识以探究宇宙自然的奥秘，则必能开辟出现代科学；如能真正体验时代民生之疾苦、社会之弊端，并寻求人类社会组织的奥秘，则必能开辟出现代社会科学（如政治学、经济学、法学等），为中国社会组织和政治模式开辟出新路径或新天地。

呜呼！彼时未能实现，影响至深至远。到清人主中原，连"内圣"之学也日渐荒芜，所谓学者只能成为寻章摘句的腐儒，完全丧失经天纬地的智慧灵感和勇气魄力。西方则以实验科学为基础创造出坚船利炮，以社会科学开辟出民主政治。当坚船利炮迫使华夏割地赔款之时，华夏有识之士痛定思痛，竟然将积贫积弱、落后挨打的耻辱悲剧归罪于儒家"内圣"之学，"将孩子和脏水一起泼出去"，此甚可哀也。

是故，我们今天所说的创造性或创造力，必以道德创造性和知识创造性（或精神创造性和物质创造性）融会贯通为最高宗旨。过去数百年里，西方文明的物质创造性可谓是旷世成就，今天所说的物质文明绝大部分是西方文明创造出来的。自16—17世纪开始，西方理性时代和科学时代兴起，其思想、科学、技术、商业和工业的创造性势如破竹，沛然不可御也。纵观过往的数个世纪，几次工业革命皆是欧美发动。科学革命和工业革命就是人类精神和物质创造性的发扬光大。

西方创造性历程如此汹涌澎湃，其主角就是具有企业家精神的杰出人士。企业家精神虽冠以企业家之名，却不仅限于企业家。凡是能够彰显无限创造性和创新力的人，无论从事哪个领域，皆是具有企业家精神的人。宗教、艺术、科学、技术、政治、法律等领域的创造和创新，对人类影响绝不亚于工商业领域企业家的创造和创新，很多时候甚至远远超过它们。

自16世纪起，影响西方文明最深远的创造性事件，是马丁·路德和约翰·加尔文的宗教改革，这是最高级别的创造和创新，非天赋异禀之士不能为。此外，如哥伦布、达伽马、麦哲伦等人的环球探险，哥白尼提出的日心说，培根开启的实验科学，克伦威尔的共和实验及其随后的光荣革命，美国独立战争及其随后的立宪建国，牛顿开辟的现代物理学，高斯创造的现代数学，麦克斯韦发现的电磁学原理，普朗克创立的量子假设，爱因斯坦发现的相对论，"文艺复兴三杰"的艺术创造，巴赫、莫扎特、贝多芬的音乐，高迪、毕加索等人的艺术创新……皆是人类最高创造力的彰显，也是最高层次的创造和创新，其意义不亚于甚至超过伟大企业家在商业和工业领域的所有创新和创造。

当然，经济学者研究创新和企业家精神，则是专注于真正意义上的企业家，虽然经济学者心目中的企业家精神并不局限于真正意义上的企业家。譬如，企业家精神和创新思想的伟大倡导者熊彼特，他心中企业家精神的典范（也是最热爱的典范）是他的母亲。

为了深入理解熊彼特关于创新和企业家精神的开创性思想，我们有必要了解一下这位伟大经济学者传奇般的人生历程。

熊彼特富有创造性的人生历程

中欧小城摩拉维亚曾经是奥匈帝国的一部分。欧洲拥有众多文化历史无限丰富的明星城市，与那些明星城市相比，摩拉维亚显得微不足道。

然而，1883 年 2 月 8 日，也就是马克思去世和凯恩斯出生的这一年，这个小城诞生了一个男孩。与马克思和凯恩斯一样，这个男孩注定将改变人类对自身经济制度和经济行为的看法。这个男孩就是经济学家熊彼特，他因开创性地提出和深入系统阐释"创新"、"企业家精神"和"创造性毁灭"等理念而享誉世界。

约瑟夫·熊彼特是维也纳学派经济学的顶级大师，更是一个生命历程和个人性格异常奇特的人物。4 岁时父亲不幸早逝，家族的冷漠和遗弃让幼年的熊彼特开始深刻体会人生的不确定性和生活的动荡不安。性格偏强和刚毅不屈的母亲不甘忍受家族的歧视，决意顽强抗争，并立志要让自己的独生子接受最优秀的教育，以便跻身上流社会。母亲的雄心壮志和苦心经营改变了熊彼特的人生轨迹，让他开始深刻领悟创新、创业和艰难奋斗的现实意义和人生价值。

少年时代进入贵族学校勤奋苦读，各科成绩异常优秀，熊彼特的才华和气质初露峥嵘。青年时代的熊彼特野心勃勃，一边尝试律师业务渴望致富，一边渴求学术上的一鸣惊人，同时还希望到政界去碰碰运气。个人生活上的放荡不羁和学术思想上的天才奔涌和大胆创新在这个阶段在熊彼特的身上并驾齐驱、交相辉映。中年时代接连遭受第一次世界大战所引发的帝国解体、婚姻破裂、事业受挫、生意破产、债台高筑的急剧动荡、情感折磨和生活艰辛，让熊彼特深刻体会到社会、政治、经济、金融和人生一切事物的无常、无奈、无情和无理。青少年时代的放荡轻狂和野心勃勃，让此时的熊彼特开始转向深沉的悲观、冷静和对温情家庭稳定生活的向往。

然而，正当他内心深处极度渴望和努力追求稳定的婚姻和家庭生活时，熊彼特却突然不得不面对整个人生中最难堪和最悲惨的时刻——妻子分娩大出血，无情地夺走了自己最爱的妻子和时刻盼望却还没有出生的孩子，紧接着他的母亲溘然长逝，又剥夺了他一生最珍贵也是最后的精神和感情寄托。43 岁的熊彼特几乎到了精神和感情完全崩溃的绝境，而且还有每年需要偿还巨额债务的沉重财务负担。

此后，他从德国移居美国，在哈佛大学开始了他一生中持续时间最长、强度最大、成果最丰富的学术工作。他用日夜不停的高强度学术研究来缓解自己内心深处的巨大悲痛，试图麻木自己的情感世界，希望借此能够暂时忘却失去母亲、爱妻和孩子的苦痛。那是一种怎样的悲凉啊。

熊彼特从母亲那里继承了坚韧不拔和顽强斗志的基因，最终获得了人生的成功，成为整个 20 世纪最伟大的经济学者之一。他曾经立志成为世界上最好的马术师、最好的经济学者和最好的情人！一生充满传奇经历和人生动荡的熊彼特，恰好就是人类生活充满不确定性和不可预见性的一个最佳注解。创新、创业、企业家精神、不确定性和创造性毁灭，皆因为熊彼特的学术研究而成为今天所有企业家的中心话题和家喻户晓的时髦理念。它们既来自熊彼特对资本主义经济体系历史演化的详尽分析和深刻洞察，也来自他个人数十年真切的人生体验和痛苦经历。

熊彼特心目中企业家精神的典范：母亲

父亲去世时，熊彼特只有 4 岁。不甘平庸的远大志向、敢于改变自己和生活环境的非凡勇气以及望子成龙的殷切渴望，激励和驱使着熊彼特的母亲毅然决然离开当时奥匈帝国的边远小镇特里希（Triesch，今属捷克共和国，改名 Trest）。他们先是移居到离首都维也纳 140 英里（约 225 千米）的格拉茨（Graz）。之后他的母亲嫁给一位奥匈帝国贵族——一位比她年长 32 岁的三星将军。紧接着他们就迁到奥匈帝国首都维也纳市中心最著名的街区，与奥匈帝国议会大厦、市政大厅、维也纳大学和维也纳最负盛名的歌剧院比邻而居。与此同时，成为贵族继子的熊彼特得以就读整个奥匈帝国最著名的大学预备学院——特蕾西亚学校（Theresianum，以 18 世纪奥匈帝国著名的皇后玛丽亚·特蕾西亚的名字命名）。这所学校的地位和优质的教育水平相当于凯恩斯曾经就读的英国贵族学校伊顿公学和富兰克林·罗斯福就读的美国贵族学校格罗顿中学。这自然而然就为熊彼特随后进入著名的维也纳大学铺平道路。19 世纪后期到 20 世纪初期的维也纳大学是全世界最优秀的大学之一，地位堪比英国剑桥、牛津和美国的哈佛、耶鲁。正是如此良好的教育铸就了熊彼特广博深厚的知识基础，为他学术上的开拓性贡献和辉煌成就开辟出康庄大道。

从艺术和科学两方面看，维也纳也许是人类历史上最具创新力的城市之一。很多年里，维也纳都是全世界首屈一指的艺术、文化和科学中心。我们只需要举出音乐领域里那些不朽的名字就足够了：海顿、莫扎特、舒伯特、施特劳斯父子、贝多芬、勃拉姆斯、马勒、勋伯格……这些永远闪耀人类艺术天空的超级巨星都曾经在维也纳生活和工作过。

19世纪后期和20世纪初期的维也纳几乎在所有人类知识领域都孕育和诞生了数之不尽的顶级天才，音乐、建筑、文学、绘画方面的大师灿若群星。哲学社会科学领域有维也纳逻辑实证主义学派，还有弗洛伊德开创的心理分析学派，以及享誉世界至今的奥地利经济学派。这种浓厚的艺术、文化和科学氛围很自然地造就了熊彼特深邃而具有超越性的历史眼光和哲学思维。

熊彼特的母亲（与许多其他伟大人物的母亲一样）面对生活不确定性所激发出来的勇气、魄力和策略，正是企业家精神的精髓。所谓企业家精神，就是面对不确定的外部经济、政治和社会环境，企业家敢于和善于抓住一切稍纵即逝的机会，以创新的思维方式和行动力去实现自己确定的目标。熊彼特母亲在极度不确定性的环境下勇于改变现状，培养出了20世纪人类最优秀的经济学家之一、创新时代的预言家。

人类经济伟大历史活剧的真正主角

正是熊彼特首次将创新、企业家和企业家精神看作是资本主义经济伟大历史活剧的真正主角。从经典著作《经济发展理论》（这是英译本的标题，德文直译应该是《经济动态演化理论》）到两卷本《商业周期》

（*Business Cycles*）再到畅销书《资本主义、社会主义与民主》，还有数百篇各种论文和演讲，熊彼特的经济思想和理论分析始终围绕创新、企业家和企业家精神展开。

熊彼特说："企业家是刺激和发动其他一切事情的中枢。"[1] 企业家是创新和创造性毁灭的发动者和实施者。企业家所从事的事业就是人类社会新工作、高收入和持续经济增长的源泉。一言以蔽之，企业家就是财富的创造者。没有企业家和企业家精神的资本主义就是没有意义或自相矛盾的一个术语。没有企业家和企业家精神的资本主义和人类经济就好像是没有主角的舞台活剧，它不仅平淡乏味，甚至根本不可能上演。

熊彼特这种观察和分析资本主义和人类经济体系的视角与亚当·斯密、凯恩斯和所有现代主流经济学者完全不同。斯密的《国富论》没有任何醒目的主角。凯恩斯的《就业、利息和货币通论》（以下简称《通论》）重新回到斯密那个没有任何醒目主角的平淡世界，所谓储蓄者和投资者都只是"隐形人"。凯恩斯首创、被后世经济学者津津乐道的人的"动物精神"却主要是一种负面的破坏性力量。现代主流经济学家的完美高深数学模型，则连人的影子都看不见了，其主角完全变成数学符号或假想中的所谓理性经济人。这与熊彼特对资本主义和人类经济的观察视角简直是天壤之别。然而，当人们从数学模型迷宫里迷失太久之后，终于蓦然回首，发现真正重要的力量正是熊彼特毕生所研究的主题——企业家和企业家精神。

在整个经济思想史上，熊彼特第一次洞察到企业家和企业家精神是人类经济动态演化和经济增长的主角，第一次洞察到创新和创造性毁灭是人类经济内生演化和增长的核心机制，第一次从企业家和企业家精神、创新

---

[1] Joseph A. Schumpeter, *The Theory of Economic Development, An Inquiry into Profits, Capital, Credit, Interest, and the Business Cycle*. Harvard University Press, 1934, p.93.

和创造性毁灭视角来研究经济体系的经济周期波动。

于今回顾，这是极其不寻常的思想和理论创新。熊彼特是一位最具创新和企业家精神的经济学者、社会科学家和思想家。他的经典著作《经济发展理论》完成于 1909 年，熊彼特年仅 26 岁。30 岁之前完成系统性经典理论著作的经济学者绝无仅有（发表经典论文的经济学者不少）。这部著作令人惊异之处，是熊彼特完全抛弃了当时欧洲大陆和英国经济学界占统治地位的所谓比较静态均衡分析，从一个完全崭新的视角来考察人类经济动态演化的本质。他对经济发展的理解和定义与当时经济学家的主流想法，甚至与今天经济学家的主流想法完全不同。熊彼特如此定义他所理解的"经济发展"：

> 我所理解的经济发展是一种极其不寻常的现象，与循环流量现象或均衡趋势现象完全不是一回事。它是经济体系资源信息流通配置渠道的自发和非连续变化，它是均衡被打破，它永久性地改变和取代之前存在的均衡状态。本书所阐述的经济发展理论就是要解释这种不寻常或极其特殊的现象，解释这种现象所引发和创造出来的经济动态演化过程。[①]

《经济发展理论》第二章有一个重要的脚注，进一步说明了熊彼特的经济发展理论如何与众不同：

> 本书第一版里，我将发展称为动态，然而，此处最好还是避免使

---

① Joseph A. Schumpeter, *The Theory of Economic Development: An Inquiry into Profits, Capital, Credit, Interest, and the Business Cycle.* Harvard University Press, 1934, p.64.

用这个术语，因为这个术语有其他多重相关的含义，容易引起混乱，迷失方向。最好是我们能够简洁地阐明我们所理解的经济生活变化究竟是什么意思。经济活动的变化部分源自外部环境或数据的变动，经济体系本身将随之进行调整以适应外部环境或数据的变化。但是，这种变化并不是经济体系的唯一变化，还有一种变化是外部环境或数据无法解释的变化，那就是来自经济体系内生的变化。这种内生的变化是许多重大经济现象发生的根源，值得我们为此建立专门的理论以阐释。为阐释这种内生的经济变化，我们需要将它们从其他所有变化因素里分离出来，单独研究和阐释。我极力希望对此给出更加精确的定义：我心目中习惯使用的就是这种更加精确的定义。本书将要研究的经济变化就是这种源自经济体系自身的内生变化，这种变化是如此偏离那所谓的均衡状态，以至它根本就不可能通过之前均衡状态的无限多个微小变化而产生出来。譬如，无论你持续增加生产多少辆邮车，永远也不会得到一列火车！①

易言之，熊彼特所致力研究的经济发展或变化不是经济体系的"量变"，而是"质变"。用硅谷著名风险投资家彼得·蒂尔的说法，熊彼特所致力研究的经济变化是"从 0 到 1"的质变，而不是"从 1 到 10 到 N"的量级增长。用现代经济学的术语，熊彼特所致力研究的才是真正的"内生经济增长"，而不是一般经济学者讨论经济增长时所关注的"数量性的增速或简单量的扩张"。

这是真正革命性的创见。熊彼特远远超越他同时代的经济学家，同样

---

① Joseph A. Schumpeter, *The Theory of Economic Development: An Inquiry into Profits, Capital, Credit, Interest, and the Business Cycle.* Harvard University Press, 1934, p.64.

远超今天的主流经济学家。今天主流经济学家所讨论的经济增长依然是没有任何主角、没有任何内生机制的数量性扩张，也就是所谓 GDP（国内生产总值）的增长。这与熊彼特的创新和创造性毁灭世界有天壤之别。然而，熊彼特所研究的才是真正的、真实的人类经济演化和增长过程。熊彼特《商业周期》一书正是从企业家和企业家精神、创新和创造性毁灭视角来研究人类经济动态演化的周期过程。他在撰写此书时，对于其他经济学者沉迷于所谓经济均衡状态或外部因素引起的经济变化相当不满。

令人钦佩和惊讶的是，年仅 26 岁的熊彼特（23 岁开始构思写作）关于企业家和企业家精神、创新和创造性毁灭的理论已经相当完备。这套系统和完备的理论其实超过了通常意义上的经济学范畴，内容涵盖经济学、社会学和心理学。后来在《商业周期》里，熊彼特进一步用现实企业家的大量实例来说明企业家精神的本质及其历史的创造性作用。

他首先从商业角度概括了 5 个领域的创新，那是《经济发展理论》一书被引用最多的段落。5 个领域的创新分别是：产品创新，即新产品或产品质量的改进和增加；生产方式创新，即生产制造领域里任何环节的创新；市场创新，即进入新市场或开拓新市场；生产资料或原材料创新，即引入新的原材料或半成品；组织创新，即生产或企业组织方式的创新，譬如垄断的形成或垄断的打破。

这 5 个领域的创新实际上涵盖了管理学者和企业家每天都谈论的创新的所有领域。每个创新领域的内容实际上都无限丰富和多样。譬如产品创新，以手机为例，蜂窝移动电话取代"大哥大"是重大创新，智能手机取代非智能手机是划时代创新，智能手机引入不同甚至稍有差别的功能也是创新。今天全世界知名的手机品牌，如华为、苹果、三星、OPPO、小米等，整体功能大同小异，创新的差别只在细微之处。又譬如生产方式创新，涵盖的内容从重大性或革命性的科学发现到技术发明，无所不包。比如，量子力学引发固体电子领域的重大发明，然后引发晶体管的发明，以及随之而来的集成电路和CPU（中央处理器），这些既是伟大的科学发现，又是伟大的技术发明，更是革命性产品的诞生和生产方式的重要创新。又譬如市场创新，它涵盖新市场的开拓、消费者的教育和引导、市场营销方式的变革等。再来看生产组织方式的创新，从家庭小作坊到机器大工厂再到流水线生产，既是生产方式的重大创新，也是生产或企业组织的重大创新；从企业的垂直职能制到事业部制度再到多部门、多业务线、多分支公司的跨国企业，是企业组织方式的重大创新。

正是沿着熊彼特开辟的广阔道路，后来哈佛大学商学院著名企业史学家小艾尔弗雷德·D. 钱德勒对美国和全球企业组织方式的变革进行了划时代、开创性的研究。钱德勒对企业史的研究正是由哈佛大学商学院企业家历史研究中心资助，这个中心的创立就是受熊彼特思想的感召，而且得到他的直接建议。

那么企业家或创新者究竟是一群什么样的人？这是熊彼特感兴趣的问题，他对此有许多精彩论述。企业家或创新者既不是通常意义上的工头、管理者、首席执行官，也不是那些成功企业的所有者。在熊彼特看来，企业家或创新者是一群非常奇特的少数人，他们很难用准确语言来描述。熊彼特称他们是"现代意义上的产业领军者"，他们最显著的特征就是近乎痴迷地执着于最前沿的创新活动。

熊彼特认为企业家或创新者是人群里的极少数特殊"品种"，他们的能力是真正高水平的超越能力，也是极端稀缺的能力。他用歌唱的能力做比喻："我们假设每个健康的人都有歌唱的能力，只要他愿意。在同一个民族的一群人里，或许有一半人的歌唱能力能达到平均水平，超过平均水平的人数将迅速减少。譬如我们假设有四分之一的人的歌唱能力超过平均水平，以此递减下去，能力越高的人，数量自然越少。最后我们或许能够找到一个或几个卡鲁索①。"②熊彼特认为，人群中真正的企业家或创新者的人数就好比人群中伟大歌唱家（卡鲁索和帕瓦罗蒂那样的歌唱家）一样，永远极其稀少。

企业家或创新者的动机是什么，或者说，企业家精神的本质是什么？熊彼特给出如下答案：企业家或创新者的动机并不仅仅是追求财富或其他享乐主义的欲望。它们或许是一种"创建一个私人帝国的梦想或意志"，也就是梦想创建一个私人工商业帝国。"或许就是一种征服的欲望，一种战斗的冲动，一种证明自己比他人优秀或卓越的野心，一种追求成功本身的决心——不是追求成功所带来的各种好处，而是追求成功本身……最后，当然还有创造的乐趣，成功实现某个目标的乐趣，或者更简单地说，就是一种释放自身能量或天才禀赋的冲动和乐趣……我们所说的企业家或创新者就是这样一类特殊人种，他们四处寻找艰难和挑战，为了改变而寻求改变，他们敢于冒险，乐此不疲。"③

显然，熊彼特心目中的创新者和企业家精神并不简单地等同于一般而言的商人、管理者、首席执行官、投资者或资本家的素质或能力，而是一种实际上难以完整精确定义的精神和气质。这种精神和气质既有点像马克斯·韦伯所说的"卡里斯玛效应"（churisma-effect），也有点像尼采所说的

---

① 卡鲁索（1873—1921），意大利传奇歌唱家，帕瓦罗蒂的前辈。

② Joseph A. Schumpeter, *The Theory of Economic Development: An Inquiry into Profits, Capital , Credit, Interest, and the Business Cycle*. Harvard University Press, 1934, p.81–82.

③ Joseph A. Schumpeter, *The Theory of Economic Development: An Inquiry into Profits, Capital , Credit, Interest, and the Business Cycle*. Harvard University Press, 1934, p. 81.

"超人的意志力或创造力"。这种精神和气质就像人们描述乔布斯所说的那种"现实扭曲力场"（reality distortion field），或乔布斯本人的"非同凡想"（正如乔布斯发布的 *Think Differently* 广告所表达的一样）。显然，熊彼特所说的创新者和企业家精神并不局限于企业或商业领域，而是人类一切行为领域或事业领域都具有的一种精神，从政治、经济、军事、科学到哲学、宗教、艺术，无所不包。譬如，乔布斯心目中与众不同的 50 个偶像就包括爱因斯坦这样的科学家、毕加索这样的画家和迪伦这样的音乐家。的确，在人类每一个领域，都能展现出熊彼特所说的创新者特质和企业家精神。

熊彼特将真正的企业家或创新者与通常意义的管理者、首席执行官或企业领导者区分开来，是极具创见的思想。他并不是从一个人在企业所处的地位（管理者或首席执行官）来定义企业家或创新者，也不是从企业所有者角度来定义企业家或创新者，而是从一种特殊的能力、雄心或愿景角度来定义。这就将企业家和企业家精神的内涵极大地扩展了。换句话说，他是从愿景、行为及其目标的角度来定义企业家或创新者，这就为我们深刻理解人的经济行为提供了重要的视角或启发。

熊彼特将真正的企业家与管理者区分开来，将真正的企业家和投资者（资本家、所有者）区分开来，超越所有主流经济学。熊彼特对企业家和企业家精神的阐述与乔布斯对企业家的定义几乎如出一辙。乔布斯在生命的最后日子里，曾经如此评说企业家和"企业家"之间的本质区别：

> 我憎恶那些自称"企业家"的人，他们实际上所做的事情就是创办一家公司，伺机出售或上市，然后套现走人。他们从来不愿意沉下心来去创办一家真正的公司，那是所有经营活动里最艰难的工作。唯有如此，你才能够做出真正的贡献，将前辈企业家留下的遗产发

扬光大。你创办一家公司，历经一两代人还能屹立不倒，生机勃勃，那才是真正重要的贡献。这就是沃尔特·迪士尼的伟大贡献，这就是休利特和帕卡德①的伟大贡献，这就是英特尔群雄的伟大贡献。他们创建了一家基业长青的公司，而不仅仅是赚钱。这也是我对苹果公司的期待。②

美国著名的传记作者荣·切尔诺曾经说，马克斯·韦伯的《新教伦理和资本主义精神》仿佛是韦伯提前为洛克菲勒写好的精神传记。我们也可以说，熊彼特《经济发展理论》对企业家和企业家精神的描述仿佛是提前为乔布斯这样真正的创新者和企业家写好的精神传记。

熊彼特还非常敏锐、精准地看到信用创造（credit creation）对企业家创业和创新的极端重要性。他透彻地分析了创业者和创新者与资本提供者（资本家，投资者）所发挥的不同功能：

> 企业家从来不是风险承担者。提供信用、为企业家提供资金的人才是风险承担者。一旦项目失败，他们将蒙受巨大损失，承受巨大痛苦。尽管企业家可能会蒙受声誉的巨大损失，然而，他们却从来不是项目失败所导致经济损失的直接承担者。③

熊彼特还认为，创业者或创新者的资金来源并非严格意义上的储蓄，

---

① 比尔·休利特和戴维·帕卡德是硅谷创业的元老，惠普公司的两位创始人。——编者注
② Walter Isaacson. *Steve Jobs*. Simon & Schuster, 2011, p.569.
③ Joseph A. Schumpeter, *The Theory of Economic Development: An Inquiry into Profits, Capital, Credit, Interest, and the Business Cycle*. Harvard University Press, 1934. p.66.

它们往往来自成功的创新或创业所创造的企业家利润。另外一个重要的资金来源就是银行所创造的信用资源或资金。资本主义经济体系动态发展伟大活剧中两个最重要的主角就是企业家和投资银行家。

> 投资银行家"无中生有",为企业家创造出新的购买力。投资银行家并不仅仅是储蓄者和资金使用者之间的掮客,相反,他们恰恰是货币和信用的创造者,是最高级意义的资本家。①

正因为此,熊彼特认为资本主义经济体系的"总司令部"就是金融中心或货币市场中心,譬如纽约和伦敦(今天当然还包括硅谷、上海、香港、特拉维夫等)。

如果说熊彼特的《经济发展理论》是提前为乔布斯等伟大创业者写好的精神传记,那么,它同样是为今天风行全球的创业投资热潮和诸如硅谷那样的创新和创业热土所提前写就的精神发展史。

从纯经济理论角度来看,年仅 26 岁的熊彼特在《经济发展理论》一书里所开创的经济理论和经济思想新境界非同寻常:创新和企业家精神、创新和创造性毁灭、信用创造作为资本主义经济体系的最本质特征之一,企业家和投资银行家是资本主义经济体系的两个主角,金融中心是资本主义经济体系的总司令部,等等。这些思想创新即使站在今天经济理论的视角,也与主流经济学的理论和思想格格不入。

首先,熊彼特实际上从根本上颠覆了统治主流经济学数百年的静态均衡思维和分析范式。《经济发展理论》说得非常清楚:"本书所研究的经济

---

① Joseph A. Schumpeter, *The Theory of Economic Development: An Inquiry into Profits, Capital , Credit, Interest, and the Business Cycle.* Harvard University Press, 1934, p.64.

发展是一种非常奇特的现象，与所谓的经济循环流动或迈向均衡的趋势格格不入。"①非常奇怪的是，统治今日主流经济学的核心理论和思维模式依然是所谓的静态均衡分析。2008 年全球金融危机之后，主流经济学反思的一个基本结论竟然是：主流经济学模型忽视了金融业！ 100 年前熊彼特就知道企业家和投资银行家是决定资本主义经济动态发展的核心力量，主流经济学竟然从来没有重视这个基本而简单的事实。

　　熊彼特求学时期，欧洲（以维也纳大学为中心）和英国经济学的主流思想正是以边际效用革命为核心理念的静态均衡分析。维也纳大学著名经济学宗师门格尔是边际效用革命的三大主帅之一，熊彼特的受业恩师维塞尔是"边际效用"这一术语的创始者。20 世纪初期，经济学界占统治地位的思想和标准教科书则是剑桥大学马歇尔著名的《经济学原理》。《经济学原理》的分析架构就是比较静态部分均衡分析。然而，在这样一种经济学术氛围下，熊彼特却能够独辟蹊径，开创出全新的经济分析范式，全然没有追随那个时代各位顶级大师或他自己老师的研究思路，这是特别令人惊异的事情，也是学术思想领域"创新和企业家精神"的完美体现。

　　其次，《经济发展理论》所开创的新的经济学研究或分析范式，以企业家（生产者、供给者）为主导，这完全区别于主流经济学以消费者（需求者）为主导。主流经济学所谓的微观理论或价格理论，独以消费者行为理论为胜场，其理论模型典雅优美，逻辑井然有序，似乎无可辩驳。但其对消费者行为本质的认识严重不足，行为经济学诸多精彩见解实际上正是弥补了主流微观价格理论的不足。

　　主流经济学所谓微观的价格理论对供给行为或生产者行为的阐释则

---

① Joseph A. Schumpeter, *The Theory of Economic Development: An Inquiry into Profits, Capital , Credit, Interest, and the Business Cycle.* Harvard University Press, 1934, p.137.

具有根本性缺陷，大体依然停留于一个生产函数，科斯称之为"黑板经济学"。它谈市场没有法律架构或交易场景，谈企业没有企业家，谈生产只有一个生产函数或供给曲线。熊彼特从一开始就明确指出，经济体系动态演化的关键力量并非是消费者品位或行为的变化，而是生产者的创新或创造性行为。

熊彼特说："从一般规律而言，人类经济体系的创新并不是按照如下逻辑展开的：先是消费者自发产生了新的需求或愿望，然后生产者迫于消费者新需求的压力而改变生产方式或生产新的产品。我们并不否认这种逻辑次序的可能性。然而，一般而言，恰恰是生产者开启经济体系的变化，消费者则是经过生产者的教导（如果必要的话）才接受这种变化。历史一再表明，消费者是被教育、被劝导而接受新产品或新事物，他们往往习惯于旧产品或旧事物，不总是愿意使用新东西。因此，对于经济循环流动或静态均衡理论而言，将消费者欲望看作一个独立的变量甚至一个基本的力量，则是可行而且完全必要的。然而，当我们研究经济体系的动态演化时，我们必须立刻采取全新的思维方式或态度。"①

主流经济学的微观价格理论就是这样一种专注于静态均衡的理论，所以特别专注所谓消费者行为或效用最大化的分析，生产者大体是一种被动的行为者。所以，主流经济学的微观价格理论根本不适合讨论经济体系的动态演化。

主流经济学对企业家和企业家精神、创新和创造性毁灭的完全漠视，可以从哈佛大学教授曼昆的《经济学原理》里看得非常清楚。这部最近20年最畅销的教科书里，找不到任何关于企业家和企业家精神、创新和创造

---

① Joseph A. Schumpeter, *The Theory of Economic Development: An Inquiry into Profits, Capital , Credit, Interest, and the Business Cycle.* Harvard University Press, 1934, p.65.

性毁灭的论述，在该书最后的内容和人名索引里，既找不到企业家（entrepreneur），企业家精神（entrepreneurship），创新（innovation），创造性毁灭（creative destruction），也找不到熊彼特（Schumpeter）的名字。

张五常教授的经典巨著《经济解释》卷二和卷三实际上是在讨论供应的行为。张五常对供应行为的阐释处处有卓越之见，本质上却依然是静态价格分析或供求分析，是故《经济解释》卷二书名为《收入和成本》，卷三书名为《受价与觅价》。《经济解释》后面的人名索引里，当然没有熊彼特的名字，而斯密、马歇尔、科斯、弗里德曼、施蒂格勒、阿尔钦、巴泽尔则是张五常引用最多的人，帕累托、费雪、凯恩斯、奈特、戴维德、赫舒拉发、德姆塞茨等人则次之，仅此就可知张五常教授《经济解释》从精神血脉上继承了马歇尔的静态均衡分析架构。张五常教授多次说过，他1973年想到"经济解释"时，头脑里就是希望改进马歇尔的分析架构。《经济解释》开篇即引用马歇尔关于经济解释的那段著名的话：

> 这些争议的经验告诉我们，除非经过理智的考究与阐释，我们不可能从事实中学得些什么。这也教训了我们，使我们知道最鲁莽而又虚伪的，是那些公开声言让事实自作解释的理论家；或者无意识地，自己在幕后操纵事实的选择与组合，然后提出如下的推论：在这之后，所以这就是原因。
>
> ——马歇尔[1]

---

[1] 张五常. 经济解释（二〇一四合订本）[M]. 北京：中信出版社，2014.

最后，也许是最重要的，《经济发展理论》所开创的创新和企业家精神分析范式，不是一般意义上单纯的经济分析范式，它抓住了人类经济体系的精髓，不仅可以让我们理解经济增长、经济体系的动态演化，而且能够让我们理解经济周期或危机，理解经济变化所带来的社会结构的变化（如财富分配的动态演化、社会阶层的动态分化、富不过三代之类的社会现象等）。实际上，只要我们真正抓住了人类经济动态演化的关键力量，用哪种分析方法则是次要的，可以用数学模型来描述，也可以用历史学、社会学、心理学的方法来描述（这些是熊彼特擅长的方法）。

我们今日继承熊彼特开创的伟大传统，主要从三个视角去深刻理解和弘扬创新和企业家精神：一是从人性或人心本质的角度去深刻探索创造性或创新的本质；二是将创新和企业家精神扩展到人类一切活动领域；三是探讨如何从人类制度和体制机制角度（尤其是教育制度）弘扬、激励一个国家、一个民族乃至全人类的创新和创造精神（创新和创造力）。

熊彼特将人类经济体系看作永远不会谢幕的伟大活剧。具体地说，他将资本主义经济体系的动态演化当作一部永远不会落幕，且时刻都会出现新的精彩剧情的伟大活剧。熊彼特认为这部伟大活剧的主角就是"企业家"，主题就是"创新"，永远不变的主旋律就是"创造性毁灭"。用熊彼特自己的话说，那"永不停息的创造性毁灭，就像那汹涌澎湃的波涛，持续摧毁现存的一切"。演奏创造性毁灭主旋律的企业家则是人类中一群奇怪的少数分子，"企业家重在行动。行动需要超乎常人和常规的坚定信心，需要挑战和克服一般社会心态及习俗的抗拒和抵制。人群中只有极少数人具备如此坚韧的品格和毅力"。[①]

---

① Joseph A. Schumpeter, *The Theory of Economic Development: An Inquiry into Profits, Capital , Credit, Interest, and the Business Cycle.* Harvard University Press, 1934, p.75–78.

熊彼特所说的企业家绝不是一群经常不为社会理解的少数奇怪和异端分子，相反，熊彼特眼中的企业家是资本主义经济持续增长和扩张的唯一源泉和动力。创新是经济体系一切生产要素的创造和创新组合，是经济增长的根源和本质，企业家则是生产要素重新配置和组合的唯一推手。"企业家—创新—创造性毁灭—经济增长和扩张—普罗大众生活水平的持续改善和人类社会的持续进步"，这就是熊彼特心目中资本主义经济体系动态起源和演化的基本逻辑。他完全抛弃了英国古典经济学所描述的静态均衡经济体系，与李嘉图所梦想的"稳态经济体系"也有着天壤之别。

第二章

创新的特征和规律

一个真正创业者所追求的不是和别人竞争，而是追求垄断。如果做别人已经做和正在做的事情，那无异于自己冲进红海与别人厮杀。唯有做别人从来没有做过的事情，才能够确保垄断，至少是暂时的垄断。与别人竞争厮杀不是真正的创业，创造垄断才是真正的创业。

　　——彼得·蒂尔，硅谷风险投资家，《从 0 到 1》作者

人类创新简史

我们首先简要概述人类创新历史。

其一，人类持续性和系统性的科技、经济、金融和企业创新是近几个世纪的新现象。12—15世纪，现代金融体系开始萌芽，15世纪末和16世纪是大航海、远洋贸易和殖民时代，17世纪人类开始进入科技时代，18世纪第一次工业革命爆发。

直到18世纪，人类才开始出现快速和持续的经济增长（当然不是每个国家和地区都出现了持续的经济增长）。18世纪之前，人类没有出现什么持续的经济增长。当然，自有人类以来，宗教、哲学、军事和日常生活的各个方面一直都有各种变化甚至突变，宗教、哲学和军事领域尤其引人注目。尽管如此，人类科技、经济、金融和企业的持续创新活动也是一个全新的现象。由此引发一个重要问题：为什么人类直到18世纪才开始出现持续、系统性、累进式和有组织的创新活动？

其二，人类科技、经济、金融和企业领域的创新活动并非一个普遍现象，而是一个例外。全世界只有一个硅谷。真正的创新人才和创新企业是少数，绝大多数人和企业都是模仿者或追随者。用经济学语言来说，创新是极其稀缺的资源。首创"企业家精神"和"创造性毁灭"理念的经济学家熊彼特认为，企业家精神和创新是人类最稀缺的经济资源。长久以来，许多经济学者和管理学者将创新和企业家精神看作经济增长的第四资源（前三个资源分别是资金、劳力和土地），这个顺序应该颠倒过来：创新和企业家精神是经济增长的首要资源。

创新和企业家精神作为最重要和最稀缺的资源，其生产或供应有着怎样的规律呢？我们能否找到增加创新和企业家精神资源供应的持久和有效的方法呢？易言之，各种教育和培训是否能够大幅度增加创新和企业家精神这种稀缺的资源？人类历史上许多划时代的著名创新者和创业家没有受过长期和系统的教育，譬如洛克菲勒、盖茨、乔布斯、扎克伯格、任正非、李嘉诚、马云、马化腾、李书福等。他们中有人没有上过大学，有人从大学辍学，有些即使上了大学也是很普通的大学。人们由此产生一个印象：真正的创新者无法被教育和培训出来，创新者是天生的。有些经济学者将创新者、冒险家和企业家比作自然界那些极端稀缺的动物和植物，它们无法普遍和大规模繁殖。果真如此，当今世界许多所谓的创新创业教育和培训就是浪费资源和白费力气。这是一个需要深入研究的课题。

其三，企业家和创新是推动经济增长的核心动力。第一次工业革命的主要技术创新是蒸汽机，它引爆第一次工业革命，助推英国成为大英帝国。第二次工业革命的主要科技创新包括电、汽车、飞机、电报电话、石油工业和重化工、远洋运输等，美国和德国领导了这些科技创新，成为全球最强大的工业国家。

第一次工业革命基于三项科技和制度创新：蒸汽机的发明、铁路的发明和纺织技术的改进。令人惊异的是，这三项改变人类历史的发明似乎都是偶然事件，并不是事先有意识计划的结果。历史上几乎所有重大创新皆是如此。可见，创新既无法预测，也不能规划或计划。

第二次工业革命是人类历史上最大规模的科技和工业革命，代表性的科技突破包括电报电话的发明，石油开采和提炼以及化学工业的兴起，汽车的发明及其相关产业的兴起，电力的发明和广泛运用，飞机的发明，无线电技术的广泛运用，远洋运输科技的划时代进步，等等。

与第一次工业革命相比较，第二次工业革命更多源自国家、大学研究机构、私营企业有组织的科学研究和技术革新。19世纪后期，洛克菲勒的标准石油公司率先创建了世界上第一家企业内部的石油化工研究部门。美国杜邦化学、通用电气、通用汽车，德国西门子、克虏伯、蒂森，日本三菱重工、丰田汽车等第二次工业革命时代的领袖企业先后创办自己的研发机构。自此之后，创建独立的研究和开发部门逐渐成为大型公司不可缺少的重要职能和确保竞争优势的主要途径。研发开支占公司销售收入或利润的比例，成为衡量企业和国家创新能力的重要指标。

从第二次工业革命开始，政府主导的科学研究和技术进步开始发挥日益重要的作用。美国尤其如此。由于美国一直以自由竞争资本主义经济体系来标榜，让许多人相信美国长达一个多世纪的科技领先地位完全源自私营企业和大学研究机构。其实不然。根据统计，自第二次世界大战到20世纪80年代，美国政府的研究和开发投资总额与私营企业部门的研发开支不相上下，甚至在很多年里，要远远超过私营企业部门的研发投入。美国政府主导科学研究和技术进步的主要部门是国防部和国家科学基金会（National Science Foundation）。20世纪，许多划时代的重大技术革命均由国防部主导完成。众所周知的计算机和互联网皆出于军事目的。原子科学的实际运用源自著名的"曼哈顿计划"，计算机的发明是为了精确计算弹道轨迹，互联网的发明是为了军事信息共享。究竟有多少民用科技源自军事目的，我们没有详尽数据。毫无疑问，政府斥巨资，有组织、有计划地实施具有明确方向的科学研究和技术开发，是现代科技创新活动的显著特征，也是促进现代经济增长的重要动力。

政府主导科学研究和技术开发往往与政府的产业政策直接挂钩。二战后，日本经济所创造的奇迹与通商产业省（现已更名为经济产业省）的产业政策和科技扶持政策密切相关，甚至可以说通商产业省的产业政策和科技扶持政策引导和创造了日本二战后的经济奇迹。

研究创新和经济增长之间的密切关系，最佳案例是美国。19世纪末至今，美国始终是全球创新的领先国家，也是全球经济持续保持较快增长的国家。根据中国科学技术发展战略研究院发布的《国家创新指数报告2014》，美国、日本、瑞士、韩国和以色列位居国家创新能力前5名。整个20世纪至今，美国一直保持第一名的地位。许多经济学者认为，仅此一点就足以解释美国经济为什么长期雄踞世界第一。

我们还能够观察到一个基本或普遍的现象，那就是凡是一个国家或地区经济快速增长的时期，都是各种科学思想、产业技术和企业组织创新你追我赶、激情奔涌的时代。1870—1915年，美国、德国和日本经济高速增长，1950—1970年德国和日本出现经济奇迹，美国经济也增长迅速。在这段时期内，这些国家都出现了许许多多改变人类科技和经济生活面貌的划时代创新。

颠覆性创新：从0到1

综合经济学者和管理学者对创新与经济增长关系的研究，我们将创新简单分为两大类：第一类是原创性创新或颠覆性创新；第二类是改进性或增量性创新。此种区分借鉴了《新经济学》第二卷的一个观点，即人的行为可以区分为适应性行为和创造性行为。

第一类创新是原创性创新。此类创新所创造的思想、理念、产业和产品是前所未有的，即从无到有的创新。

科学思想创新从0到1的典型例子包括：欧几里得几何学、伽利略力学、牛顿万有引力定律、法拉第和麦克斯韦电磁学、量子假说和量子力学、狭义相对论和广义相对论、宇宙起源的大爆炸学说、进化论、基因密码

DNA（脱氧核糖核酸）及其分子结构、互联网和人工智能思想，等等。

技术创新从 0 到 1 的经典例子包括蒸汽机、火车、电、电报电话、收音机、电视、石油开采和提炼、汽车、飞机、计算机、互联网、智能手机、机器人等。

人类宗教思想创新从 0 到 1 的经典例子包括儒家、道家、佛教、犹太教、伊斯兰教等。

人类政治和经济制度创新从 0 到 1 的经典例子包括：主权国家的兴起、大一统的君主专制政体、君主立宪制、民主共和制、公司制度、商业银行、投资银行、股票市场、债券市场、期货市场、财险和寿险、纸币或信用货币、PE（私募股权投资）、VC（风险投资）、信用违约掉期（CDS）等。

经济思想创新从 0 到 1 的经典例子包括：斯密"看不见的手"、边沁的"效用学说"、魁奈的"经济表或经济循环学说"、货币数量论、边际效用革命或主观价值理论、机会成本理论、利息理论、永久收入假说、最优货币区理论、租值消散学说、阿罗不可能原理、科斯定律、不对称信息理论等。

管理学者一直在致力于研究颠覆性创新。譬如，哈佛商学院研究创新的著名学者克莱顿·克里斯坦森多年来专注于研究颠覆性技术创新的动态过程和规律。他对技术给以广义的阐释：技术就是一种转换过程，是企业或其他组织将劳动、资本、材料和信息转化为具有更大价值的商品和服务的过程。[①]

依此定义，所有企业皆有自己的技术，零售商的技术就是采购、陈列、出售和运送商品给消费者的全过程，折扣店的技术与百货店的技术自然不同。克里斯坦森所定义的技术超越了一般意义上的工程技术或制造技术，

---

① Clayton M. Christensen, *The Innovator's Dilemma: When New Technologies Cause Great Firms to Fail*. Harvard Business Review Schoo Press, 1997, p.xiii.

涵盖市场营销、投资和管理技巧等全过程。企业经营全过程的每一个环节都可能出现颠覆性创新。

根据这个广泛的定义，克里斯坦森列举了多个颠覆性技术创新案例：

1. 数字摄影技术颠覆录音摄影技术。

2. 无线电话颠覆有线电话。

3. 分组交换技术通信网络颠覆电路交换通信网络。

4. 便携式数字技术产品颠覆笔记本电脑。

5. 索尼第二代游戏站、互联网应用设备颠覆桌面个人计算机。

6. 在线网上股票交易颠覆线下全套股票经纪业务。

7. 电子通信股票交易网络（ECNs）颠覆纳斯达克和纽约证券交易所股票交易系统。

8. 新股和债券发行的网上荷兰式拍卖模式颠覆新股和债券发行的全免费承销模式。

9. 基于信用评级体系的自动授信模式颠覆基于信贷业务员个人判断的授信决策模式。

10. 线上零售颠覆实体店零售。

11. 基于互联网的工业原材料销售网点模式（譬如 CHemdex 和 E-Steel）颠覆工业原材料分销模式。

12. 网上免费下载的祝福明信片颠覆实体印刷明信片。

13. 分布式发电（燃气汽轮机、微型汽轮机、燃料蜂窝）颠覆大型电力公司。

14. 公司大学和内部管理培训项目颠覆商学院。

15. 借助互联网的远程教育颠覆课堂和校园授课。

16. 定制组装的模块式课本颠覆标准教科书。

17. 数字印刷颠覆胶版印刷。

18. 无人驾驶战斗机或轰炸机颠覆有人驾驶战斗机或轰炸机。

19. 互联网协议、Java（编程语言）软件协议颠覆微软视窗操作系统和基于 C++ 语言的软件应用程序。

20. 全科护士颠覆医学博士。

21. 门诊诊所和家庭病人护理颠覆综合医院。

22. 关节镜和内窥镜手术颠覆开放手术。

23. 血管成形术颠覆心脏旁路手术。

24. 基于超声波的地面站立机器或最终的便携式机器颠覆磁共振成像技术（MRI）和计算机断层扫描技术。[①]

如果我们将创新的概念扩展到一切创造领域，那么我们可以尝试列举出人类有史以来最富想象力的思想创新、科学理论创新和技术创新。譬如：

1. 基督教的上帝创造人和创世思想。

2. 儒家的天人合一和人人皆能成为圣人的思想。

3. 佛教的十二因缘说和人人皆能成佛的思想。

4. 16 世纪宗教改革开启的新教思想及其伦理学说。

5. 培根、伽利略、开普勒、牛顿等人开启的实验科学思想和方法。

6. 洛克、孟德斯鸠、卢梭等人开启的天赋人权、三权分立和自由民主思想。

---

① Clayton M. Christensen, *The Innovator's Dilemma: When New Technologies Cause Great Firms to Fail.* Harvard Business Review School Press, 1997, p.xxv.

7. 法拉第和麦克斯韦的电磁学。

8. 爱因斯坦的狭义相对论和广义相对论。

9. 量子力学、量子场论和量子引力理论。

10. 热力学三定律（尤其是热力学第二定律）。

11. 宇宙起源的大爆炸学说。

12. 达尔文的物种起源学说（进化论）。

13. 斯密的天赋秩序和"看不见的手"。

14. 沃森和克里克的 DNA 结构。

15. 现代复杂理论、突变理论和系统理论。

16. 曼哈顿计划。

17. 阿波罗登月工程。

18. 哥伦布发现新大陆。

19. 欧元单一货币区思想。

20. 科斯的社会成本学说。

21. 半导体、集成电路及中央处理器的发明。

22. 冯·诺依曼的计算机逻辑结构思想。

23. 互联网的发明。

24. 乔布斯的平板计算机和智能手机。

25. 青霉素的发现。

26. 电的发明。

27. 飞机的发明。

28. 汽车的发明。

29. 避孕药的发明。

美国《国家地理》杂志 2015 年出版特刊——《100 个伟大思想：科学思想之突破和发明》。这 100 个伟大思想就是颠覆性思想和技术创新的经典案例。

1. 火的发现和运用。

2. 橡胶的发明。

3. 物质由五大要素构成的思想。

4. 水泥的发明。

5. 烟火的发明。

6. 现代科学方法的创立。

7. 玻璃棱镜的发明。

8. 门捷列夫的元素周期表。

9. 铝金属的发明。

10. 玛丽·居里夫人对放射性理论的研究。

11. 尼龙的发明。

12. 核裂变或核反应堆反应的发明。

13. 原子弹的成功制造。

14. 聚乙烯和塑料的发明。

15. 对流传输定律的发现。

16. 可编程物质的发现。

17. 轮子的发明。

18. 纸的发明。

19. 城堡时钟的发明。

20. 帕斯卡定律的发现。

21. 二进制数学和密码的发明。

22. 摩擦力规律的发现。

23. 伯努利原理的发现。

24. 本杰明·富兰克林和电的发明。

25. 电池的发明。

26. 欧姆定律。

27. 能量守恒和热力学定律。

28. 电话的发明。

29. 大规模电力供应网络和灯泡的发明。

30. 特斯拉和感应电动机的发明。

31. 太阳能电池。

32. 光速的测定。

33. 无线电波的发现。

34. 薛定谔方程。

35. 液态燃料火箭的发明。

36. 电视的发明。

37. 喷气发动机的发明。

38. 通信卫星的发明。

39. ENIAC（埃尼亚克）计算机的发明。

40. 全息摄影术的发明。

41. 光纤的发明。

42. 微芯片和集成电路的发明。

43. 激光的发明。

44. 太空探索的开启。

45. 虚拟现实的发明。

46. 摩尔定律的提出。

47. 磁悬浮交通工具的发明。

48. 电子邮件、互联网和万维网（WWW）的发明。

49. 混合能源汽车的发明。

50. 3D（三维）打印技术的发明。

51. 云计算技术的发明。

52. 人工智能的发明。

53. 勾股定律的发现。

54. 算术根的发现。

55. 太阳中心学说的创立。

56. 玻尔定律的发现。

57. 牛顿力学定律的发现。

58. 科里奥利效应的发现。

59. 多普勒效应的发现。

60. 电磁学定律和电磁场的发现。

61. 气候变化的发现。

62. 爱因斯坦创立相对论。

63. 大陆迁移现象的发现。

64. 大爆炸理论的提出。

65. 蕾切尔·卡森出版《寂静的春天》。

66. 类似地球的行星的发现。

67. 盖亚假说的提出。

68. 弦理论的提出。

69. 地球改造学说的提出。

70. 宇宙膨胀理论的提出。

71. 哈勃空间望远镜的建造。

72. 地球工程学的开启。

73. 原子第一理论的提出。

74. 动物分类学说的提出。

75. 动物解剖学。

76. 血液循环理论。

77. 细胞的发现。

78. 光合作用的发现。

79. 流行病学的兴起。

80. 发酵原理及其运用。

81. 进化论的兴起。

82. X 射线图像技术。

83. 病毒的发现。

84. 化疗技术的兴起。

85. 腹腔镜手术的发明。

86. 人脑功能图绘制技术的发明。

87. 抗生素的发明。

88. 免疫疗法的兴起。

89. DNA 双螺旋结构的发现。

90. 器官移植技术的兴起。

91. 流行病控制技术的兴起。

92. 干细胞研究的兴起。

93.仿生学和生物工程的兴起。

94.生育控制技术的发明。

95.大毁灭理论的提出。

96.基因工程的兴起。

97.基因疗法的兴起。

98.人工克隆技术的兴起。

99.再生药物的发明。

100.人类基因工程。

改进性或增量性创新：从 A 到 B

改进性或增量性创新，可以称之为从 A 到 B 的创新，也是一种原创性或颠覆式创新。此类创新所创造的思想、理念、产业和产品看起来与从 0 到 1 的创新没有区别，实际上却有不同的特征，即它并不完全是从 0 到 1，而是从 A 到 B。易言之，此类创新主要是一种替代式、颠覆式和竞争式的创新。

从 A 到 B 的科学思想创新例子：强人择原理相对弱人择原理，光的波动学说相对光的粒子学说，量子场论相对量子力学，宇宙泡沫理论相对大爆炸理论，弦理论相对于场理论，等等。

从 A 到 B 的技术创新或发明粒子：通用汽车公司的汽车取代本茨的汽车型号，福特 T 型汽车取代通用汽车的汽车型号，惠特尼的纺织机取代传统纺织机，空中客车飞机取代波音飞机，智能手机取代非智能手机，智能汽车取代传统汽车，等等。

从 A 到 B 的人类思想创新例子：基督教内部的各种派别，佛教内部的各种派别，伊斯兰教内部的各种派别，儒家的各种流派，道家的各种流派，等等。

从 A 到 B 的人类制度创新例子：从无限责任公司到有限责任公司再到股份有限公司，从单一商业银行到金融控股企业，从工场手工业到机器大工业，从单一职能公司到跨国多部门公司，从英国式的君主立宪制到日本式的君主立宪制，从美国式的民主共和制度到法国、德国式的民主共和制度，等等。

从 A 到 B 的经济思想创新例子：经济增长理论的各种模型，货币理论的各种模型，从完全竞争理论到不完全竞争理论再到垄断竞争理论，从维克赛尔的自然利率理论到费雪的非货币利率理论再到凯恩斯的货币利率理论，货币政策的各种规则及其理论，等等。

增量性或改进性创新，包括质量和效能改进性或效率提升性创新，市场延展性或市场细分类创新，等等。兹不细述。

创造性毁灭：
颠覆性创新＋增量性创新＝经济技术生态体系的重构

最重要的创新当然是颠覆性创新。改变人类历史的所有重大创新是那些划时代的颠覆性创新。然而，无论是颠覆性创新还是增量性或改进性创新，往往既是对以往思想、技术、产品和服务的替代，也是一种补充和完善。从这个意义上说，熊彼特的创造性毁灭有某些误导成分，让人觉得创新必然要毁灭旧事物（技术、产品和服务）。事实上，人类历史上很多重大技术创新和思想创新（如果不是全部的话）首先是一种增量性创新，即对以往思想、科技、产品和服务的改进和完善。改进和完善的过程往往会涌现颠覆性创新。

划时代的增量性创新正是熊彼特长波经济周期的内在动力基础。蒸汽机的发明开启第一次工业革命，电的发明开启第二次工业革命，计算机和互联网的发明开启第三次工业革命，人工智能开启人类第四次工业革命。划时代的工业革命是人类历史上伟大的颠覆性创新，同时也是各种改进性创新风起云涌的时代。

颠覆性创新的首要特征是一系列新技术、新行业、新产品、新服务、新业态和新商业模式应运而生，共同构成一个自我增长、自发增长、自我繁荣、内生增长的经济生态圈和产业生态链。生态圈和生态链呈现出一种不断扩张和增长的内生趋势，形成一种新技术、新产品、新服务和经济总量持续增长的正循环。

有经济学者将划时代的增量性技术创新概括为通用技术。通用技术能够运用到人类经济生活的所有领域，彻底改造经济运行的所有行业和环节，大幅度降低整个经济体系的成本。比如，蒸汽机一经发明，迅速改造了煤炭开采和纺织机械技术，迅速催生了蒸汽机车和现代火车产业体系的迅猛增长，并且间接催生了汽车的发明和普及。

电的发明或许是人类历史上影响最深远、贡献最大的增量性技术或通用技术。它彻底改造了人类一切生产方式和生活方式，创造出无穷无尽的商业机会和就业机会，围绕电力发明所诞生的新技术、新产品、新服务、新业态和新商业模式构成了一个持续扩张和增长的经济生态圈和产业生态链。直到今天，电力依然以其强大的动力深刻改造着地球的许多角落。经济学者试图评估电力发明对人类经济增长的净贡献，这种评估虽然理论上有意义，事实上却不可能。衡量一项技术对人类经济的贡献，我们可以做一个简单的思想试验：假若今天此项技术突然消失，人类经济和生活将怎样？如果突然取缔人类的电力，其效果将如同取缔火一样，人类文明将回到一种非常原始的水平，几乎所有事情将完全推倒重来。

计算机和互联网是改变人类经济生活乃至一切生产方式的又一项划时代创新。互联网和信息科技革命所引爆的经济生态圈和产业链重组正在加速进行，我们今天无法预测未来的经济生态究竟会变成什么样子。"智能手机＋互联网"引爆移动互联网，"互联网＋工业"引爆工业互联网，"互联网＋商业"引爆所谓O2O（线上到线下）商业模式革命，"互联网＋教育"引爆所谓的慕课（MOOC，大型开放式网络课程）革命，"互联网＋家庭生活"引爆所谓智能家庭，"互联网＋城市"引爆智能城市，"互联网＋政府"引爆智能政府，"互联网＋一切事物"引爆物联网。移动互联网正在深刻改变政治生态、全球信息整合、军事情报收集和间谍工作、国际贸易规则以及人与人之间的沟通方式。互联网和信息科技革命是当今人类的最大机遇，也是最大的不确定性。

划时代的伟大创新虽不可预测，却可以期待。颠覆性创新既是一个从量变到质变的过程，也是一个突变或突然爆发的时刻；它既源自数之不尽无名英雄默默无闻的艰辛努力，也源自少数天才的灵感闪耀。计算机、互联网和信息科技革命的发展历史生动地展示了划时代伟大创新所经历的艰难、曲折和辉煌历程，见证了人类伟大创新者、发明家和企业家的心路历程，揭示了创新和创造所具有的内在规律。

人类对计算机的梦想至少可以追溯到法国哲学家和数学家帕斯卡、德国哲学家和数学家莱布尼茨、英国浪漫诗人拜伦之女埃达、英国数学家和发明家巴贝奇。1837年，巴贝奇发明的计算机器是人类历史上第一台真正意义上的计算机器，是人类计算机器历史上的重要里程碑。然而，自巴贝奇伟大发明之后的100年间，计算机技术一直停滞不前。直到1937年，该领域的天才开始集体闪耀，只用了短短 10 多年时间，现代意义上的电子计算机就诞生了。

主流经济学的失败

创新和企业家精神的历史真正昭示了主流经济学的平庸和失败。主流经济学设想的最佳经济体系或经济状态是所谓的完全竞争，即每个市场参与者都不具有任何市场主导能力或垄断能力，市场也没有任何真正的主角。每个市场参与者都一样，皆是同质的效用函数和生产函数。迄今为止的主流经济学（微观经济学）依然在传授这一套与真实世界毫无关系的市场竞争理论和公司理论，经济学者竟然声称完全竞争的经济体系才是最优和最有效率的经济体系，任何垄断或寡占都是次优或无效率的，任何意义上的垄断都应该被谴责、反对和解除。主流经济学者甚至用复杂的数学模型来证明市场竞争所导致的垄断之害。这是令人震惊的学术失败！

只有极少数经济学者真正试图从企业家精神、创新和创造性毁灭角度来深刻理解人类经济增长的秘密。概而言之，现代经济增长理论总共发展出五代模型。

第一代模型基于投资和储蓄的跨时期均衡、最优储蓄、最优投资等理念，试图发现最佳经济增长路径或所谓经济增长的黄金法则，代表人物包括拉姆齐、哈罗德、多马、费尔普斯等。

第二代模型基于生产函数和边际生产力理念，试图理解劳动力、资本、土地、技术和管理对经济增长的贡献，最终发现技术进步是解释经济增长的主要力量，至少解释了人类经济增长的 85%。代表人物是著名的新古典经济增长理论大师罗伯特·索洛，他因此荣获 1987 年诺贝尔奖。

第三代模型是内生经济增长理论，试图理解技术进步的本质，代表人物是肯尼斯·阿罗、保罗·罗默和罗伯特·卢卡斯等人。三人皆荣获诺贝尔经济学奖，2018 年诺奖得主罗默的贡献就是内生增长理论。《新经济学》第二卷对新古典增长理论有比较详细的批判，读者可以参考。

第四代模型基于产权和交易费用经济学的基本理念，将制度创新置于经济增长或经济起飞的中心环节，代表人物是道格拉斯·诺斯、罗伯特·福格尔，两人皆荣获 1993 年诺贝尔经济学奖。

第五代模型可以称为创新增长理论，也终于回到了熊彼特的中心理念——创新和创造性毁灭，代表人物是菲利普·阿吉翁、埃德蒙·费尔普斯等人。

经济学者之所以很少真正从企业家精神、创新和创造性毁灭的视角来深刻理解经济增长，是因为企业家精神、创新和创造性毁灭很难或几乎不可能用数学模型来模拟和演算。或许在未来，人类能够发明更加复杂的数学工具来模拟和计算创新和创造性毁灭的动态过程。

然而，从创新和创造性毁灭的视角来理解经济增长，我们的首要任务是系统总结人类创新和创造性毁灭的历史经验，发现历史经验背后的内在一致性或规律。我们需要学习和借鉴管理学者的办法，从创业者和企业家实际的创新历程（尤其是心理活动和决策过程）去发现创新和创造性毁灭的基因或规律。

经济增长是一个异常复杂的动态过程。经济学者从多个不同视角来观察和分析经济增长。古典经济学奠基人亚当·斯密受到第一次工业革命时期英国工业内部分工不断细化的启发，从分工深化的视角来分析经济增长，他著名的"扣针制造工厂"的例子令人印象深刻。斯密的重要洞见是将分工细化和市场规模与扩张联系在一起，从而构造了一个动态的经济增长模型。分工的深化需要市场交易的持续增长，交易的持续增长就意味着市场的不断扩张和开放。

马克思的经济增长理论深受斯密洞见的影响。《资本论》第一卷用了差不多1/3的篇幅论述家庭手工业到机器大工业的历史过程，这正是斯密所描述的分工深化和细化。

边际效用革命兴起之后，数学微积分大量被引入经济分析，数学模型成为学术时尚和标准，斯密的经济增长思维逐渐被忘记和漠视。到了20世纪中叶，绝大多数主流经济学者喜欢将经济增长理解为储蓄转化为投资，以及投资在不同项目和行业中的选择和配置。这个分析视角能够很好地用数学来模型化。

1909年熊彼特发表《经济发展理论》，首次提出经济增长的创新视角。熊彼特的动态经济思想深受马克思和德国历史学派的影响。熊彼特1942年出版《资本主义、社会主义和民主》一书，首次以创造性毁灭来描述创新。写作此书之前，熊彼特曾经深入研究资本主义经济演化的历史进程，出版《商业周期》一书，提出经济周期的"长波理论"，认为革命性或划时代的技术创新是创造经济周期长波的主要力量。创造性毁灭的思想灵感源自熊彼特对资本主义动态历史演化的详尽考察。

创新是一个富有生命活力的生态体系

只有用生态体系的概念才能最好地（或最接近真实地）描述创新的动态过程。任何一项创新都是一个动态演化和不断改变的过程，不是一蹴而就的结果；任何一项创新都是多项科学发明、技术创新、工艺改进和功能调整及不断完善的复合结果。就好像一个生态体系里的任何生物，其生存和演化要依赖无限多样的其他生物体和外部环境因素的配合和促进。一个复杂、多样和动态的生态体系里，什么时候会诞生一个新物种，什么时候某个物种会灭绝，什么因素会导致某个物种诞生或灭绝，我们事先无法知晓和预测。

人类创新的生态体系里，哪项科学发明和技术会突然破土而出？哪个产品和服务会脱颖而出？哪个企业会从激烈的竞争中傲然崛起成为领袖？哪个企业会莫名其妙地实现行业的垄断地位？哪个企业家的天才想法或一念之差会让一家企业登顶辉煌或者轰然倒塌？

有谁曾经预测到洛克菲勒、爱迪生、摩根、福特、沃森父子、西门子、蒂森、本茨、涩泽荣一、盛田昭夫、比尔·盖茨、乔布斯、格鲁夫、韦尔奇、贝佐斯、佩奇和布林、扎克伯格、孙正义、李嘉诚、张瑞敏、任正非、柳传志、马云、李彦宏、马化腾等无数发明家和创业家的崛起？

有谁曾经预测到世界第一台计算机会诞生于1946年？有谁曾经预见到几十年后，曾经重达数吨的计算机会成为几乎人人都能拥有的生活必需品？有谁曾经预测到互联网会改变人类的经济生态和人们的生活方式？有谁能够预测下一个盖茨和乔布斯在哪里？下一个微软、苹果和谷歌会诞生在哪个领域？我们没有任何一个可靠的办法来预测和估计创新和创业的方向，更不用说结果以及谁会赢得下一次创新和创业的伟大竞赛。不确定性、不可预见性、突变和惊喜，正是创新和创业的本质特征和无限魅力。

当代最伟大的创新和产业故事自然是以互联网为核心的信息科技革命。这场彻底改变人类经济生态和人们生活方式的创新和产业革命绝非一夜之间完成的故事。信息科技革命的历史生动地诠释了创新和产业的动态演化历程。

信息科技革命的起源至少可以追溯到19世纪30年代和40年代。当时英国科学家埃达·洛夫莱斯和查尔斯·巴贝奇就已经构思出与现代计算机功能惊人相似的计算机模型。电的发明使电力驱动的计算机成为可能。第二次世界大战期间，交战各国都有精确计算炮弹轨迹的紧迫军事需求，这直接催生了世界上第一台真正的电子计算机（ENIAC）。二战后，一系列令人惊叹的科技突破让计算机的制造成本迅速下降（遵照著名的摩尔定律），功能加速度增加。这些划时代的科技突破包括电子管和二极管、半导体和集成电路、中央处理器等。与此同时，硬件科技的飞速进步伴随着软件技术的日新月异，比如，图文并茂的人机交互界面、不断升级换代的操作系统、五花八门的文字和信息处理工具。硬件和软件科技革命交相辉映、相互促进，将计算机迅速送入寻常百姓家，成为人们工作和生活必不可少的必需品。

计算机和互联网的伟大故事正是创新和产业生态系统的鲜活样板。它们首先源自天才科学家或幻想家的伟大想象力（如埃达和巴贝奇、冯·诺依曼和图灵等），源自物理学家揭开了电子世界的奇特秘密（从法拉第和麦克斯韦的电磁学，到爱因斯坦的光电效应理论，再到量子力学的划时代革命），源自电力科技和其他工业技术的不断改进，源自军事技术的强烈需求，源自无数创业家、创新者和企业的不懈努力，源自金融创新（VC 和天使投资的蓬勃发展，让硅谷的创新活力独领风骚），源自政府对基础科学和技术创新的持续资助（现代计算机和互联网的发明主要应该归功于美国国防部的军事需要），源自许多大学和企业研究部门的通力协作〔著名的贝尔实验室、施乐公司的施乐帕克研究中心（Xerox PARC，Palo Alto Research Center）〕，还源自许多重要的企业组织创新（比如英特尔公司著名的扁平式组织结构），以鼓励精诚合作、开放自由的创新和产业氛围。上述每一项进展都是革命性的，都是信息科技革命得以成功的不可或缺的力量。然而，事前没有人能够预测和估计哪一项创新会在哪里成功涌现。

信息科技革命的伟大故事给我们以多方面的启迪。创新和创业是想象力的胜利，没有伟大的想象力就不可能有伟大的创新和创业故事；创新和创业是一种精神理念和人生态度的胜利，这种精神理念和人生态度就是追求卓越、抛弃平庸、创造独特；创新和创业是个人英雄主义和团队力量完美结合的胜利。

正如《从0到1》的作者彼得·蒂尔所说："创业最可怕的不是失败，而是平庸，是抄袭和重复别人的工作。创业最兴奋的不是赚钱，而是将一个天才的思想变为现实，变成消费者能够享受的产品和服务。创业的本质不是个人英雄主义的单打独斗，而是精诚合作、开放包容的团队力量。"[1]

彼得·蒂尔还说："一个真正创业者所追求的不是和别人竞争，而是追求垄断。如果做别人已经和正在做的事情，那无异于自己冲进红海与别人厮杀。唯有做别人从来没有做过的事情，才能够确保垄断，至少是暂时的垄断。与别人竞争厮杀不是真正的创业，创造垄断才是真正的创业。"[2]

企业家和企业家精神的主要特征：理想主义和英雄主义

几乎所有伟大的创业家和投资家都一致认为，创业和创新者首先具备的最重要素质是一种充满激情的理想主义精神。

美国著名的红杉资本资深合伙人迈克尔·莫里茨如此描述他心目中创业家最重要的素质："清楚的思想，与人清楚沟通的能力，心目中伟大的愿

---

[1] Special Entrepreneurship Issue. *Foreign Affairs*, Volume94，Number 1，January/February, 2015，p.81.

[2] Special Entrepreneurship Issue. *Foreign Affairs*, Volume94，Number 1，January/February, 2015，p.81.

景，坚信自己踏上了值得毕生为之奋斗的伟大征程，这些素质是所有伟大创业家所具备的最典型的共同特征，他们（她们）创造了人类历史上令人惊叹的伟大公司。"①

"创业家当然还应该具备其他一些品德和能力，但那些能力只能创造出好的公司，我们每个人可能都具备某些这样的品德和能力并引以为豪。但是，这些品德和能力还不是人类顶级层面的素质和能力。只有极少数创业家具备顶级的素质和能力，他们创造的公司才能跃居为顶层企业。"②

亚马逊创始人贝佐斯如此描述创业家的基本素质："创业家一定具有某些特定的素质和能力，其中之一就是对现存事物具有神圣的不满足感（divine discontent）。他们会反问自己：你如何才能把这些事情做得更好？发明家和创业家的心态、素质和能力非常相近。发明家总是审视着世界上现存的事物，心里却想：我确实有点儿习惯这些事儿了，然而我习惯绝不意味着它们不能被改进。从一个全新的视角来审视一切，从一个初始者的思维来审视一切，是创业家的基本素质，对产业和创新非常有益。"③

彼得·蒂尔更是将企业家和创业者的理想主义精神强调到近乎极端的程度。

身为成功的创业者和投资者，蒂尔对于创业者和创新者的精神世界和现实生活自然具有独特感受和理性认知。他深知，他们是人类社会中一个不平凡和"怪异"的少数群体。他认为创业家和创新者虽然极富个性、各呈异彩，却有着一个惊人的共同点，那就是雄心和野心。雄心勃勃是所有创业家和创新者必然具备的天生特质。他们坚信自己能够创造全新的科技、

① Special Entrepreneurship Issue. *Foreign Affairs*, Volume94, January/February, 2015, p.32–39.

② Special Entrepreneurship Issue. *Foreign Affairs*, Volume94, January/February, 2015, p.32–39.

③ Special Entrepreneurship Issue. *Foreign Affairs*, Volume94, January/February, 2015, p. 2–6.

产品、服务和商业模式，坚信自己能够引爆革命性和划时代的变革，坚信自己能够改变世界、改变人类生活。如果说有史以来的伟大创业家和创新者有一个共同的基因，这个基因就是雄心和野心，就是义薄云天的豪情和斗志，就是改变世界、改变人类的梦想和理想。

正是基于这个基本认识，蒂尔对当今美国和世界的创新和创业表达了批评、抱怨或不满。他认为，今天美国和全球绝大多数创新者和创业家已经失去了伟大的雄心和梦想。世界上大多数创业家和创新者的视野过于狭窄，愿景过于谨慎，他们所做的事情只不过是重复别人已经做和正在做的事情，而不是立志于引爆真正革命性的变革，超越同侪，超越时代。

蒂尔批评当今绝大多数创业家和创新者不是试图重新发明车轮或颠覆车轮，而只是努力让现有车轮跑得更快一点儿。他们不是立志去解决真正困扰人类的最重大课题或难题，而只是发明几个新的游戏，改进几个新的App（应用程序）。

蒂尔心目中的创业和创新英雄是谁呢？那就是埃隆·马斯克。蒂尔认为，马斯克的特斯拉汽车和太空探索工程才是真正意义上的创新和创业，而绝大多数自诩为创新和创业的人只不过是模仿和抄袭别人的东西，只不过是重复那些几乎所有人都能够做的事情。

蒂尔从创业和创新者的雄心和野心出发，深入讨论了他对真正创业者和创新者商业模式的看法。他认为，真正的创业者和创新者应该和必须追求垄断，而不是冲入红海与现有的企业玩命厮杀。真正的创业者和创新者不是与他人竞争，而是寻求独特和垄断，不是从 1 到 10 再到 N，而是从 0 到 1。创新和创业的本质不是赚钱（虽然赚到钱才能生存和发展），而是将一个伟大的思想和创意转化为消费者能够享受的产品和服务。

那么如何才能创造独特和垄断呢？蒂尔建议，每个梦想创业的人都要首先问一个问题：有什么事情是只有你自己知道而其他人不知道的。如果你对这个问题的答案不肯定，那你最好还是放弃创业或等等再看。

从创业和创新者的雄心出发，蒂尔将创业和创新分为两大类。一类是"横向进步"（horizontal progress），一类是"纵向进步"（vertical progress）。所谓横向进步主要就是指模仿和抄袭，只有纵向进步才是真正意义上的超越和创新。蒂尔认为，当今世界绝大多数创新和创业都是横向进步，也就是照搬已有科技、产品、服务和商业模式，或者将其引入其他领域。他认为新兴市场国家的发展或所谓经济全球化，主要是横向进步。蒂尔心目中真正重要的创新是纵向进步，也就是真正的超越和突破。他心目中渴望类似阿波罗登月工程和曼哈顿计划那样富有想象力和创造力的创新项目。

第三章

创新的国家和创新的民族

以色列是土地和自然资源极度匮乏的国家，然而，以色列人民用知识和智慧弥补自然资源之不足。今天，我们早已不再为资源的匮乏而担心，因为创新和企业家精神已经成为以色列最宝贵和最丰富的资源。

　　——西蒙·佩雷斯（1923—2016），以色列前总理、前总统

神奇的以色列

以色列是中东地区一个小国，至今人口800多万，面积不到3万平方公里，周边敌国林立，虎视眈眈。1948年建国之时，以色列人口只有60万，面积不到今天的1/3。

以色列建国以来，战争始终如影随形。按照人口比例计算，以色列建国以来因战争死亡的人数占总人口的比例，超过美国两次世界大战死亡人数占总人口的比例。即使今天，以色列也依然面临着国家安全的巨大挑战。安全威胁犹如达摩克利斯之剑，以色列丝毫不能掉以轻心。

以色列建国初期，是世界上最贫穷的国家，人均生活水平大约相当于1800年时的美国。"一切皆属国家。所有物资实行配给制。人们彻夜排队，手持食品配给券等待购买那一点儿少得可怜的配给口粮。每个家庭一周只能分配一个鸡蛋。"一位以色列政治家回忆说。[①]

然而，就是这样一个初创的（或者说复兴的）犹太之国，却从一个四面楚歌的"围城"迅速崛起为全球最著名的高科技强国之一——70年（1948—2018）的经济增长超过50倍；人均风险投资额是美国的2.5倍，欧洲的30倍，中国的80倍，印度的350倍。2000年以来的10多年里，以色列年均风险投资额达到20亿美元，相当于整个英国的风险投资额（英国人口为6100万），相当于德国和法国风险投资额的总和（德法两国人口总计达1.45亿）。以色列建国以来，人口增长超过10倍。但以色列差不多每10年就要遭受一次战争蹂躏，而且周边国家长期对以色列实施封锁或禁运，国内资源的稀缺程度令人难以置信，而以色列的人均国民收入却直线

---

① Dan Senor , Saul Singer. *Start-up Nation: The Story of Israel's Economic Miracle,* Twelve Hachette Book Group, 2011.

上升到接近 4 万美元，跻身世界最富裕国家行列，这不能不说是世界经济史上的一个奇迹！

时至今日，以色列的国际知名度和影响力连许多大国都难以望其项背。以色列的知名度和影响力主要不是源自中东的战火纷飞和持续动荡，而是来自其思想、科技和文化的惊人创造力和创新力。简言之，以色列是当今世界创新和创业活动最集中、最有活力的国家。如果说世界上有一个国家是完全凭借科技创新和人力资本实现繁荣富强的，这个国家就是以色列。当全球到处谈论创新和创业之时，当中国将"大众创业，万众创新"上升为国家战略之时，以色列无疑是最值得我们尊重和深入研究的样本。

更为重要的是，自 2008 年金融危机以来，全球经济已经进入所谓大平庸时代。经济增长动力不足，主要增长引擎持续放缓，量化宽松政策刺激资产价格泡沫和投机资金恶性膨胀，脱实向虚成为常态，基于投机泡沫的虚假繁荣像肥皂泡那样彻底破灭，结构失衡、贫富分化、环境恶化、地缘冲突、恐怖袭击和难民危机将长期存在。

如何才能促进全球经济的可持续增长？答案就是全方位创新，即制度创新、教育创新、科技创新、商业模式创新，核心是我们必须改变思维方式，回归人类经济增长的基本面。经济学者早已揭示出这个最重要基本面的内在规律。人类经济增长最终只取决于生产力的增长，生产力的增长只能来自技术创新，技术创新源自人力资本的创造和积累，人力资本的创造和积累则来自富有想象力和创新力的教育和科研体系。这是几代经济学者辛勤研究得到的基本结论，开创者是麻省理工学院（MIT）的诺贝尔奖得主罗伯特·索洛。过度依靠资源消耗促进经济增长必然恶化环境，加剧全球气候变暖；依赖投机性泡沫来制造虚假繁荣则是饮鸩止渴，只会恶化收入差距，加剧贫富分化，导致频繁的金融危机。人类经济可持续增长的唯一途径只能是创新。熊彼特最终战胜了凯恩斯。

以色列为我们研究创新的内在规律提供了最佳范例。股神巴菲特曾经如此形容以色列："若你来中东寻找石油，请别在以色列停留。但是你若来寻找聪明的大脑和正直的品质，只需来以色列便足矣。"①

香港恒隆集团主席、著名慈善家陈启宗先生观察研究以色列长达40年。他每次向朋友介绍以色列和犹太民族都喜欢引用一组数据：犹太民族人口仅占全球人口总数的0.2%，却出了162位诺贝尔奖得主，占诺奖得主总数的20%，其中物理奖占27%，医学奖占31%。科技对以色列GDP的贡献率高达90%以上，每1万名雇员中就有140位科技人员或工程师。平均每1184个以色列人中就有一个人是创业者。以色列企业在美国纳斯达克上市的数目，超过所有欧洲国家在纳斯达克上市公司的总和。

谷歌前首席执行官埃里克·施密特宣称："美国是世界上首屈一指的创业者乐园。美国之后就是以色列。"②

微软前首席执行官史蒂夫·鲍尔默曾经说："从微软以色列团队的规模和其发挥的中心作用来看，微软既是一家美国公司，同时也是一家以色列公司。"③

近一半的世界顶级科技巨头都到以色列收购高新技术和创新企业，建立研发中心。近年来，中国领先的科技公司，如华为、腾讯、阿里巴巴、百度，也纷纷到以色列投资高科技企业和建立研发中心。

---

① Dan Senor and Saul Singer, *Start-up Nation: The Story of Israel's Economic Miracle*. Twelve Hachette Book Group, 2011, p.15.

② Dan Senor and Saul Singer, *Start-up Nation: The Story of Israel's Economic Miracle*. Twelve Hachette Book Group, 2011, p.15.

③ Dan Senor and Saul Singer, *Start-up Nation: The Story of Israel's Economic Miracle*. Twelve Hachette Book Group, 2011, p.15.

人口仅仅 1400 万人的犹太民族，凭借独特的创新思维纵横全球，驰骋世界，很大程度上掌控了全球金融、科技、媒体乃至教育和文化的制高点。从罗斯柴尔德家族到高盛集团，全球顶级投资银行多数源自犹太家族；从爱因斯坦到格鲁夫再到拉里·佩奇，犹太人对人类科学技术的开创性贡献数之不尽；从古典音乐到现代文学，犹太民族的感性和文化深深影响了全人类，当代世界最有名的古典音乐大师多数是犹太人。从军事科技、航空航天、信息安全、计算机科学、生命科学（包括脑科学和神经科学）、癌症研究和治疗、清洁能源、机器人和人工智能，到海水淡化、水污染处理、高科技农业等众多领域，以色列均处于世界领先水平，有些甚至达到世界最高水平。

这些事实足以令人吃惊、令人震撼。为什么犹太人如此特别？为什么他们具有如此惊人的创造力和创新力？以色列的创新力和创造力究竟具有怎样的秘密？

对于以色列这种创新活力，人们立刻就想到两个解释。一是生存的需要。四面敌国的安全威胁，迫使以色列必须研发高科技军事技术。二是犹太民族比其他民族聪明。这两个解释听起来振振有词，其实似是而非，顶多能够解释以色列创新之谜的一小部分。世界上面临巨大安全威胁、资源匮乏的国家绝不止以色列一个，那些国家却并没有出现像以色列那样的创新和创业氛围与成就。说犹太民族比其他民族聪明，似乎已经是国际社会一个约定俗成的定论。或许是犹太民族创造了众多顶级天才的缘故吧，譬如数学王子高斯，金融巨头罗斯柴尔德，科学大师爱因斯坦，思想巨人马克思，心理分析开创者弗洛伊德，科学全才冯·诺依曼，经济学大师弗里德曼、萨缪尔森、肯尼斯·阿罗等，英特尔公司传奇首席执行官格鲁夫，金融大鳄索罗斯，几任美联储主席格林斯潘、伯南克、耶伦等，此外还有高盛集团创始人、谷歌创始人佩奇、脸书创始人扎克伯格……这个名单可以列得很长。

　　然而，犹太民族群星闪耀是否就意味着他们比世界其他民族都聪明？严肃的学者对此深表怀疑。爱因斯坦晚年就曾经说过，犹太民族取得的成就并非因为犹太民族比其他民族聪明。从智商来看，世界其他民族至少和犹太民族一样聪明。此外，假若我们承认或坚持上述两个解释，那么以色列和犹太人的创新和创业就只是一个例外，别人无法学习，没有学习和借鉴的可能性，自然也就没有深入研究的必要了。这必然堕入某种神秘的虚无主义泥潭。如果我们相信创新和创业可以学习和借鉴，相信创新和创业具有某种内在的机理和规律，承认创新和创业可以作为一个科学（至少某种程度上）来加以研究，我们就必须放弃上述特殊性假说，寻找以色列和犹太民族创业和创新活力的科学解释。

　　那么，以色列和犹太民族的创新和创业活力的秘密究竟是什么呢？正如《创业的国度：以色列经济奇迹的启示》作者丹·塞诺和索尔·辛格所说："以色列经济奇迹的答案不仅仅是智力超群的故事，更是坚持不懈、矢志不渝的传奇，是永不停息、质疑和挑战权威的探索征程，是内心笃定、不拘一格的生活态度，是面对失败的独特心理和心态，是团队精神、远大理想、不惧风险、跨界思维完美结合所激发的创新动力和创造活力。"[1]

科学立国和创新基因

　　2015 年 9 月，陈启宗先生率领中国企业家和投资者代表团访问以色列。紧张的日程安排里最令人期待的时刻是会见以色列前总统、93 岁高龄的西

---

[1] Dan Senor and Saul Singer, *Start-up Nation: The Story of Israel's Economic Miracle.* Twelve Hachette Book Group, 2011.

蒙·佩雷斯。一个多小时的会见里，佩雷斯始终精神矍铄、思维敏捷、言谈犀利、幽默风趣、充满智慧。佩雷斯先生令我印象最深刻的一段话是："以色列是土地和自然资源极度匮乏的国家，然而，以色列人民用知识和智慧弥补自然资源之不足。今天，我们早已不再为资源的匮乏而担心，因为创新和企业家精神已经成为以色列最宝贵和最丰富的资源。"

佩雷斯被称为以色列和当代犹太民族真正的智者，也是以色列建国那一代人中硕果仅存者。在以色列复国那段腥风血雨的峥嵘岁月里，25 岁的佩雷斯有幸成为建国之父本 – 古里安（1886—1973）的得力助手。建国之后的漫长政治生涯里，佩雷斯担任过以色列几乎所有政府部门的要职，包括两度出任以色列总理。他还是巴以和谈之《奥斯陆协议》的缔造者，并因此荣获诺贝尔和平奖。以色列朋友提到佩雷斯时总是说，他是当代以色列和犹太民族里最具世界声望的领导者，是以色列的最佳代言人。

然而，根据《创业的国度：以色列经济奇迹的启示》一书作者的叙述，佩雷斯对以色列的主要贡献并不是政治上的卓越成就，而是全力帮助以色列确立科技和产业立国的基本战略，这也是本 – 古里安心目中以色列国家复兴战略的核心。

佩雷斯如此描述本 – 古里安的立国战略思想："他深信以色列的未来在于科学。他总是告诫我们，以色列的军事技术与世界先进水平齐头并进并不够，必须永远领先世界水平。"[1] 正是这个基本的立国战略思想，激励以色列始终致力于发展最先进科技。早在 1951 年，当以色列连自行车还不能制造的时候，本 – 古里安和佩雷斯就着手构想并实施以色列的航天航空产业；在政府一分钱都不可能拿出来支持的艰难条件下，本 – 古里安和佩雷

---

[1] Dan Senor and Saul Singer, *Start-up Nation: The Story of Israel's Economic Miracle.* Twelve Hachette Book Group, 2011.

斯竟然完全依靠民间力量开始创建以色列的核工业。如今，以色列在众多前沿科技领域雄踞世界先进水平，甚至引领世界潮流。它不仅早已是拥有核武器的军事强国，而且是世界第十大核能专利技术生产国。

2015 年，因土耳其击落俄罗斯战机，两国关系顿时交恶，经贸关系陷入崩溃，土耳其政府宣布终止对俄罗斯的农产品出口。俄罗斯农业部副部长立刻宣布，将大幅增加从以色列进口农产品！可能很少有人会注意到这个细节的深刻含义。俄罗斯是世界上土地最辽阔的国家之一，以色列却是世界上土地资源最稀缺的国家之一。一个土地资源最丰富的国家却要从一个土地资源最稀缺的国家大幅进口农产品，这难道不是一个极大的讽刺和一个有趣的经济学现象吗？

农业正是以色列最具国际竞争力的产业之一。以色列将人们通常认为的低科技农业改变成为真正或纯粹的高科技行业。以色列的"农业公社"（kibbutz）举世闻名，佩雷斯就是出生于农业公社。以色列农业公社不仅是经济制度和社会结构的重大创新，而且代表着农业科技的革命性突破。佩雷斯自豪地说："以色列农业的革命性变化远远超过工业。在 25 年的时间里，以色列农业产出增长 17 倍！这是令人难以置信的成就。以色列农业 95% 靠科学，只有 5% 靠劳力。"[1]

当佩雷斯担任以色列国防部副部长期间，他力排众议，竭尽全力将大量资金投入先进军事科技的研发。如今，从研发费用占 GDP 的比例来排名，以色列超过全球几乎所有国家。专注研发投入不仅确保以色列军事科技始终处于世界领先地位，而且为民用经济提供了大量先进科技。正是以色列建国以来始终重视科技研发的直接贡献，以色列的创新企业和风险投

---

① Dan Senor and Saul Singer, *Start-up Nation: The Story of Israel's Economic Miracle.* Twelve Hachette Book Group, 2011.

资举世闻名，无论是数量和质量均位居世界前列。

文化和精神传统当然是以色列创新基因的关键元素。佩雷斯曾经说："纵观整个历史，犹太民族最伟大的贡献就是永不满足。这种素质对参与政治当然很不利，对于科学研究却是福音。"①企业家精神和创新的首要动力是对现状不满，对改变世界充满激情和勇气，对未知世界满怀好奇心和求知的渴望。犹太民族永不满足的精神状态，以色列自然资源的极度稀缺，周边安全局势的极度恶劣，誓死捍卫犹太祖国的神圣意志，成为以色列创新、企业家精神和经济增长的强大原动力。为了确保祖国安全和生存，一大批以色列顶级科学家和技术专家忘我工作，研发世界最先进的军事科技。佩雷斯如此评价以色列的军事科技研究："每时每刻，我们都渴望改变、再改变。任何从美国引进到以色列的先进军事科技，5 分钟之内就被改进了！"②整个以色列社会充满着锐意进取、迎接挑战、追求发明和创新创造的良好氛围。

以色列这个国家本身就是创新和企业家精神的产物和化身。2000 多年前，犹太民族失去故国，流散到世界各地。19 世纪后期，犹太复国主义开始兴起，并逐渐成为一股强大的政治力量。以哈伊姆·魏茨曼（1874—1952）和本-古里安为代表的犹太复国主义者既具有坚定不移的神圣信念、对《圣经》预言的犹太复国深信不疑，以及钢铁般的战斗意志和坚持不懈的顽强毅力，同时又具有机动灵活的战略战术和高超巧妙的运作手段。魏茨曼出生于沙皇俄国的犹太定居点，后来移居英国。魏茨曼是著名化学家，

---

① Dan Senor and Saul Singer, *Start-up Nation: The Story of Israel's Economic Miracle.* Twelve Hachette Book Group, 2011.

② Dan Senor and Saul Singer, *Start-up Nation: The Story of Israel's Economic Miracle.* Twelve Hachette Book Group, 2011.

发明了制造丙酮的新型方法，他的新发明对于英国国防军事工业具有重要意义。从某种意义上说，正是魏茨曼的发明帮助英国或协约国赢得了第一次世界大战。据说，鉴于魏茨曼对英国的重要贡献，英国政府决定授予魏茨曼爵位。而魏茨曼立刻向英国政府提出交换条件，放弃爵位以换取英国政府支持犹太民族复国运动。魏茨曼还是杰出的外交家和社会活动家，正是由于他和英国外交大臣贝尔福的密切关系，才促成1917年英国政府发表著名的《贝尔福宣言》——成为犹太复国运动的重要里程碑和转折点。

本－古里安则是犹太民族为实现理想所培养出的具有坚韧不拔和钢铁般意志的绝对化身，他为犹太民族复国和建国奋斗终生，其传奇经历是以色列和犹太民族宝贵的精神财富。魏茨曼和本－古里安所体现的精神，正是一种真正的企业家精神——具有神圣的信念和明确的目标，为实现目标坚忍顽强、永不放弃。

令人惊奇的是，早在犹太民族实现复国目标之前，魏茨曼就决定在巴勒斯坦犹太民族定居点创建一流大学和研究机构。著名的希伯来大学创建于1918年7月24日。魏茨曼在开学典礼上说："放眼望去，我们面前的这片土地人烟稀少，几乎什么都没有，一切都等待建设。这片土地上现在最需要的是耕田所用的犁、耕牛、道路和码头，而我们今天却要在这片土地上创建一个弘扬智慧和精神文化的中心，乍看起来似乎是不可思议和自相矛盾的事情。"[1]

确实，希伯来大学的创建不能不说是世界科学和教育史上的一个传奇。它的诞生距离犹太复国还有整整30年。然而，正是这种伟大和令人惊叹的勇气创造了真正的奇迹。今天，希伯来大学已经是世界上最著名的研究性

---

[1] Dan Senor and Saul Singer, *Start-up Nation: The Story of Israel's Economic Miracle.* Twelve Hachette Book Group, 2011, p.211.

大学之一，培养出众多顶尖科学家和学者（包括多位诺贝尔奖得主）。希伯来大学不仅是以色列最重要的科学研究中心，而且是全球重要的科学研究中心。1918年建校之时，希伯来大学的校董会汇聚了犹太民族当时最伟大的科学家，包括爱因斯坦、弗洛伊德、魏茨曼和马丁·布伯（1878—1965，哲学家、教育家、翻译家）等。

希伯来大学并不是以色列建国之前就创办的唯一大学。著名的以色列理工学院创办于1924年（从1912年开始筹建）。著名的魏茨曼科学研究院创办于1934年。以色列建国不久（1956）又创办了特拉维夫大学，目前这所大学是以色列规模最大的大学。换句话说，以色列建国之前，以魏茨曼为代表的建国开拓者们就已经为以色列奠定了极其坚实的科学研究基础。

今天，以色列拥有8所综合性大学、27所学院，其中4所大学跻身全球150所顶级大学之列，7所大学跻身亚太地区100所顶级大学之列。一个人口仅仅800多万（大约相当于中国的南京市）的中东小国，竟然拥有这么多高水平的大学和研究机构，从很大程度上已经解答了以色列的创新之谜。

我们不能不佩服魏茨曼所具有的远见卓识和宏大战略。一流大学和研究机构永远是任何一个国家科技创新的主要发源地，是创新和企业家精神基因的传承者。如果说以色列具有异常强大的创新基因，那么建国之前创建的多所著名大学和研究机构就是科学和创新基因的伟大载体和传承者。这一点，值得所有渴望创新的国家虚心学习和借鉴。

以色列的创新和创业生态体系

地球之大，人口众多，为什么只有那么几个创新和创业中心？这些创新和创业中心具有怎样的共同特征？

共同特征是这些地方都形成了一个充满生机活力的创新和创业生态体系。生态体系是一个不断扩展、自我生长、自我循环、自我创新和创造的功能体系，一旦形成了一个创新和创业生态体系，无限丰富和不可预知的新技术、新产品、新业态和新商业模式将不断涌现。不断涌现创造性毁灭式或颠覆性的科技发明和商业模式，是全球主要创新中心的基本特征。

简言之，创新和创业生态体系就是一个具有内在发展动力、持续演化的生命体系。创新和创业生态体系是任何富有活力和创造力的经济体系的内核和动力之源。

创新和创业生态体系由三个生态体系共同构成，即教育或科研生态体系、资本或金融生态体系、产业或制造生态体系。

随着全球产业分工日益深化和细化，产业或制造生态体系日益全球化，任何新技术和新产品都能够轻易找到廉价的制造商。对于具体国家和地区而言，为构造创新和创业生态体系，产业或制造生态体系的重要性正在快速下降。苹果、谷歌、微软、高通、耐克等无数最具创新力和创造力的公司早已成为无工厂公司（factory-less company）。硅谷、纽约、洛杉矶、特拉维夫、波士顿等最具活力的创新中心并不是全球主要的制造中心，甚至基本没有制造业。

我们今天讨论创新和创业生态体系，应该将注意力集中到教育或科研生态体系以及金融或资本生态体系。此处只讨论以色列的教育生态体系。

教育生态体系：独立精神和自由思想

深入系统考察教育或科研生态体系，颇不容易。教育的种类无限，有启发式教育，孔子所谓"不愤不启，不悱不发"是也；有填鸭式教育，所谓"一人独白，鸦雀无声"是也；有激发创造力和想象力的教育，开放式、互动式、创新性的教育当属此类；有压制创造力和想象力的教育，机械式和填鸭式的应试教育即属此类；有专才教育，也有通才教育；有德、智、体、美并重的教育，也有偏执式的狭隘教育。填鸭式、机械式、压制创造力和想象力的教育体系，必然无法造就富有创新力和创造力的人力资本，反而会戕害人性固有的想象力和创造力，此为人类之不幸。有许多国家和地区的教育普及程度相当高，创新和创造却乏善可陈，根源主要是教育走入误区。启发式、开放式、互动式、激发想象力的教育制度，必然有助于激发整个社会的创新和创造活力。然而，一个充满生机活力的教育制度首先需要一个开放、包容、自由、民主的政治制度保障，一个封闭、专横、严苛的政治制度，不可能容纳开放、包容、自由、独立的教育体系。如果我们观察分析全球主要的创新中心，它们的教育体系都具有一个基本的共同特征，那就是独立精神和自由思想。

犹太民族优秀分子具有一个高贵的品质：不迷信权威，敢于挑战权威；不迷信所谓金科玉律和既有的真理与智慧；不满足现状，不轻易相信和同意别人；坚持独立思考。爱因斯坦、马克思和弗洛伊德都是这种品质杰出的榜样。爱因斯坦发现相对论的真正秘诀就是他敢于怀疑，敢于抛弃既有的、已经成为权威学说的物理学理论。论数学才华，爱因斯坦绝非一流；从实验本领来看，爱因斯坦也非顶级。他的前辈学者，如荷兰物理学家洛伦兹和法国物理学家兼数学家庞加莱，皆离发现相对论只有一步之遥，但他们就是不愿或不敢放弃当时已经成为权威真理的以太学说。只有爱因斯坦果断放弃该学说，狭义相对论于是应运而生。当量子力学已经被物理学界普遍接受之后，爱因斯坦仍然坚信量子力学对物理世界的不确定性或概率论解释不是最终正确的解释。他的著名格言"上帝从不掷骰子"生动地刻画了爱因斯坦的怀疑精神。长期以来，许多人认为爱因斯坦的怀疑精神是一种固执和偏见，其实越来越多的证据已表明，爱因斯坦对量子力学的不确定性原理或概率论世界观的怀疑可能最终是正确的。即使爱因斯坦错了，也足以刺激许多物理学家重新思考物理世界的奥秘。

之前说过，西蒙·佩雷斯用"永不满足"来刻画犹太民族的性格。佩雷斯说，永不满足现状，永不满意权威，永不满意自己，是犹太民族几千年历史形成的基因。也可以说，数千年历史上，犹太民族为这种格格不入、卓尔不群、标新立异、特立独行的性格或基因付出了惨重的代价，这也是我个人研究犹太民族历史的一点儿粗浅体会。相当多犹太人到了异国他乡，并不能入乡随俗，而是坚决固守和捍卫自己的宗教信仰和生活方式（比如，他们极少与外族通婚，或者与外族通婚需要极其严格和烦琐的手续，或者宗教皈依，或者改变宗教信仰），某些生活习俗和方式在外人看来颇为怪异。其他民族对犹太民族这种"怪异"的生活方式不理解甚至反感，是造成犹太民族难以真正融入当地社会生活、遭受歧视和打压的重要原因。任何事物都有两面性，入乡随俗、积极融入其他民族的宗教和世俗生活，自然有助于生存和发展，却会轻易丢失自己固有的宗教、哲学、文化或安身立命之本。卓尔不群、特立独行会遭受歧视和打压，却能够坚守自己民族固有的安身立命的价值本源。

然而，从创新和创造的角度来看，卓尔不群、标新立异、格格不入、特立独行恰好是最重要的品德，也是教育最重要的功能之一。

教育最重要的功能之一就是培养特异人才。孔子教育思想的基本目标是培养君子，而君子的基本特质就是和而不同。不同就是标新立异、特立独行，不要做"乡愿"。所谓乡愿，就是总是跟随别人的观点，人云亦云，从来没有自己立场的人。差异创造和谐，差异激发创新，是现代经济学和政治学揭示的一个基本道理。

乔布斯到斯坦福大学演讲，学生问他，自己如何才能成为他这样的成功者。乔布斯的答案很简单：非同凡想。乔布斯的"非同凡想"和佩雷斯的"永不满足"有异曲同工之妙，皆是一种独特的思维模式和世界观。唯有一个富有想象力的教育体系才能塑造这样的思维模式和世界观。从这个意义上说，教育生态体系——从家庭教育、幼儿园、小学、中学、大学、研究院一直到整个社会的教育和理念氛围——是创新和创业生态体系最重要的组成部分。

一个富有想象力和创新型的教育生态体系具有怎样的特征呢？如果我们仔细研究一下全球主要的创新中心（如硅谷、纽约、洛杉矶、特拉维夫、波士顿等），就会发现，这些地区的教育体系具有许多共同特征。

其一，多元文化或文明（包括语言）共存共生、相得益彰。硅谷、洛杉矶、纽约、特拉维夫、新加坡都是世界著名的移民都市，来自全球不同国度、地区和不同文化背景的人们共同生活在一起，语言、习俗、宗教、生活方式和思维方式相互碰撞、相互冲击、相互刺激，很容易激发出新的思想和思维模式。

要想改变自己的思维方式，或者激发出创新思想，一个基本或简单的途径就是将自己投身到不熟悉的地方去。不同的宗教、不同的语言、不同的生活方式和习俗往往会造成激烈的文化冲击或冲突，冲击或冲突必然激发出新的思想。海外留学归国学生往往是创新的主力军，原因即在此。

20世纪90年代以来，中国几乎所有成功的创业企业都是由海外留学生创办或者发挥了关键作用，绝非偶然。这个基本道理其实可以解释美国和以色列成为全球主要创新之源，欧洲、日本等国却差距甚远。美国和以色列皆是移民国家。1948 年以色列复国之时，人口不过 60 万，如今人口超过 800 万，主要来自海外犹太移民。美国自建国以来，一直奉行相对比较宽松的移民政策，是美国始终高居全球创新首席地位的重要原因（可能是最重要原因）。如今，美国有识之士开始担忧美国创新力的衰弱。著名杂志《外交》(*Foreign Affairs*) 季刊 2014 年出版特刊，标题为《美国：一个衰败的国度》，深入讨论了美国创新之源和创新有所衰弱的制度原因，核心之一就是最近十多年来美国政府收紧了对全球高端人才的移民政策。硅谷许多顶级企业家和投资家一直呼吁美国政府尽快改革移民政策，大幅度放松对高级人才的移民或居留限制。可见，宽松或自由的移民政策是刺激创新的重要源泉。

即使各国内部，人口流动频繁的城市往往也是最具创新力的城市。譬如中国的深圳。无论从哪个指标来看（比如，创新公司数量，新技术、新产品、新业态和新商业模式涌现的速度和数量，科技对经济增长的贡献，创业者数量，行业领导能力，创新和创业氛围，等等），深圳无疑都是中国最具创新力的城市之一。其重要原因是深圳是一个年轻的移民城市，来自不同文化背景和生活方式各异的年轻人涌入一个充满希望和激情的城市，创新和创造自然如源泉奔涌，沛然莫之能御也。北京、上海、广州和杭州也是创新活力相对较强的城市，与这些城市外来人口流动频繁有密切关系。

哈佛大学教授克莱顿·克里斯坦森与同事合著的著作《创新的基因》，总结出全球创新者的五大基因或技巧，其中最重要的就是 "associating"（可以翻译为 "组合" 或 "联想"，即组合不同的思想或思维以创造出新的思想或思维）。思想或思维的重新组合必定是不同领域、不同方向的思想或思维的重新组合。相反，组合同一个领域或者同一个方向里稍有差异的思想，得到崭新思想的概率很低，甚至等于零。①

这就是人们通常讲的联想、跨界思维、多学科碰撞、交叉启发或者发散性思维的重要作用。历史上伟大的创新者都善于将不同领域的思维或思想重新组合起来，无论是纯科学研究、技术突破还是商业模式创新，概莫如是。广义相对论的思想突破源自爱因斯坦将引力和惯性力等同起来。乔布斯的 iPad（苹果平板电脑）创意则来自他将计算机科技和设计艺术完美结合起来。

其二，创新型教育体系的另一个显著特征就是不同学派此起彼落、相互争鸣、相互刺激，新思想和新思维模式层出不穷。历史学家几乎一致同意，中国文化最精彩的发展时期是春秋晚期战国初期的诸子百家迅猛崛起的时代，百舸争流、百花齐放、百家争鸣，那是一种怎样的景象。新思想、新派别的诞生应是必然。自秦始皇焚书坑儒和汉武帝"罢黜百家，独尊儒术"之后 2000 多年，中国文化思想大体处于停滞不前的状态，真正原创性的思想学派少之又少，此诚可哀之事也。

现代物理学的黄金时代是 19 世纪末期到 20 世纪 30 年代初期，相对论、量子论及其各种流派犹如奇葩竞相开放，整个物理学界处于极度兴奋状态。美国经济学（也是全球经济学）的黄金时代是 20 世纪 60—80 年代，几乎现代所有经济学流派皆发端于那个时期。

其三，富有想象力和创造力的教育体系首先必须是一个开放式、互动式的教育体系。我们可以从一个简单现象窥见端倪。美国绝大多数教育机构都是没有围墙的开放式校园，有人认为，这是因为美国土地多，事实并非如此。围墙存在与否其实揭露了背后的心理或心态。开放的心理和包容

---

① Jeff Dyer, Hal Gregersen, Clayton M. Christensen, *The Innovator's DNA :Mastering the Five Skills of Disruptive Innovations.* Harvard Business Review Press, 2011, Part one.

的心态，敢于面对不同意见的挑战，敢于接受与自己截然相反的观点，也是想象力和创新力的基本要素。自我封闭，自我保护，拒绝甚至压制不同思想和观点，最终将扼杀一切创新和创造。

创新其实毫无神秘之处，简言之，它就是新思想或新想法层出不穷。然而知易行难，如何才能激发新思想或新想法层出不穷呢？办法只有一个，那就是鼓励和培养每个人自由思想、独立思考的习惯和能力。古往今来，从来没有见过一个钳制思想自由、戕害独立精神的国度，能够激发哪怕一点点的创新活力，因为摧毁独立精神和自由思想与鼓励创新和创造完全是水火不容。

从激励独立精神和自由思想的角度来考察创新，以色列具有许多独特的经验。这些经验并不能简单地照搬到其他国家（有些根本就不可能照搬），但是我们可以从这些经验里汲取许多极具价值的信息，至少可以引发我们深刻的思考。

根据《创业的国度：以色列经济奇迹的启示》一书的精彩描述和我个人参观考察的所见所闻，以色列军队自创立之日起就形成了上下平等、开放包容、坚持不懈和追求卓越的传统。以色列军人时常会质问他们的上司："为什么你是我的领导，而我不是你的领导？你比我到底优秀在哪里呢？"在会议、训练场、课堂乃至激烈战斗的间隙，士兵和军官会相互争论，质疑和挑战乃是家常便饭。从武器装备到战略战术，士兵和军官享有同等的发言权。以色列军队里流传着许多基层士兵独自发明新武器和新战术从而击败敌人的传奇故事。上级对下级给予最充分的授权，每个人都有高度的责任感和使命感，每个士兵和军官心心念念的就是如何发明最先进的武器装备和战略战术，以迎头痛击随时可能发起猛烈攻击的敌人。没有最好，只有更好，矢志不渝追求卓越，在以色列军队里绝不是一种假大空的口号，而是关乎国家和民族生存的头等大事，是浸入每个以色列人血液深处和基因密码里的生存意志和本能反应。以色列的商业文化和氛围乃至整个国家的文化和氛围都深受军队文化和氛围的巨大影响。所有年满18岁的以色列人都必须首先服三年兵役，一生随时准备听从国家召唤到军队履职。

从军队退役后，许多以色列人每年都要继续到军队服务两周到一个月，还是以前的战斗单位，还是和以前的战友一起，从边防巡逻到设备修理，从战术研讨到武器发明，都是实际具体的工作，绝不是到军队去走马观花和体验生活。实际上，以色列军队就是以色列最大的大学，是以色列全民和全能的大学，所有以色列人都要到这个军队学校里去受训。训练的课程无所不包，从领导能力、团队能力、生存能力的培养，到数学、物理、化学、生物学、信息科技、工程技术等所有学科的学习和深造，军队训练的严格和全面绝不亚于世界上最好的大学。

所以，以色列的所有精英人士，从政治家、企业家到投资家再到学者，都出身于军队里的优秀分子；以色列最知名的政治家和企业家都曾经立下赫赫战功，是国家和民族的英雄；以色列许多著名企业的合伙人都是军队里的战友。军营里所训练的领导能力、团队精神、生存技巧和战斗友谊从战场转向商场，同样所向披靡，战无不胜。以色列许多政治家和企业家一致认为，以色列军队就是最好的商学院。

一位以色列著名的企业家如是说："哈佛商学院的校友每5年才聚会一次。很开心啊，昔日同窗聚到一起，参观访问，研讨座谈，重温友情，维持同学圈子，顶多两三天而已，彼此客客气气。想想我们以色列军队的战友圈吧，我们每年都要聚一次，相聚时间两周到一个月，那是以前同甘共苦三年的战友，那是以前为之自豪的单位。我们可不是客客气气地座谈研讨、参观访问，我们是真干活，全副武装巡逻边防。这种亲密的战斗友谊终生难忘，商学院的同学聚会和同学圈哪里能比啊！" [①] 正是这种青春常驻的战友圈构成了以色列的创新和创业圈，以色列许多著名企业的创始人和合伙人就是军队里的战友。

在以色列军队里，军官与士兵的比例处于全球最低水平，即使最底层的士兵也有很大程度的行动自由，所以以色列军队里许多关键乃至划时代的技术战术创新都来自基层士兵。丹·塞诺和索尔·辛格在《创业的国度》中写道："只要说到军队文化，一般人很自然就会想到严格的等级制度，毫无条件地服从上级，每个战士不过是庞大军事机器里一颗毫不起眼的螺丝钉。然而，这种约定俗成的军队文化却完全不适合描述以色列的军队文化。" [②] 由于以色列公民几乎都必须服兵役，许多军人退役之后成为企业家和创新者，所以军队文化所孕育的包容、多元、独立精神和自由思想深刻地影响到整个社会。

独立精神、自由思想的第二个来源是大学教育。正如前面所述，并非任何大学教育都能够孕育和激发独立精神和自由思想，唯有开放、包容、富有想象力的教育体系才能孕育和激发独立精神和自由思想，封闭乃至压制思想自由的教育体系绝对培养不出富有创新精神的思想家和创新者，只能造就一些顺从的"奴仆"或"螺丝钉"。研究世界各国尤其是美国和以色列的创新活力之源，将有助于我们重新理解教育的本质。

以色列的大学教育独具特色。根据 OECD（经济合作与发展组织）的数据，以色列是世界上大学教育普及率最高的国家，高达 45% 的以色列人

---

① Dan Senor and Saul Singer, *Start-up Nation: The Story of Israel's Economic Miracle.* Twelve Hachette Book Group, 2011.

② Dan Senor and Saul Singer, *Start-up Nation: The Story of Israel's Economic Miracle.* Twelve Hachette Book Group, 2011.

能完成大学教育。更重要的是，根据《IMD世界竞争力年鉴》（由瑞士国际管理发展学院编著）的数据，以及该组织确立的标准——大学教育是否满足一个富有竞争力的经济体系的需要，以色列大学教育的竞争力名列世界第二。大学教育和整个教育体系如何帮助创建一个富有竞争力、富有创新活力的经济体系，是关乎每个国家能否实现持续经济增长的重大关键课题。以色列的独特经验虽然无法照搬，却具有深刻启发性。

以色列大学教育最鲜明的特色是精英教育。以色列的精英教育举世闻名，尤其以军队极端严格的精英选拔和培训著称于世。以色列各大兵种特别是空军和情报机构的主要骨干绝对是精英中的精英，这正是小小以色列的空军和情报机构摩萨德令人闻风丧胆的根本原因。

代表以色列军队或整个国家精英教育的皇冠明珠是军队培训项目，该项目取名Talpiot（塔楼，该词源自《圣经·诗篇》），意思是巅峰成就。

1973年，以色列发生了第四次中东战争，周边国家的突然袭击让以色列措手不及，损失惨重。虽然后来迅速反败为胜，整个以色列却开始了沉痛的反思和变革。以色列领导人认识到，国家必须以领先甚至绝对的技术优势来弥补国土面积狭小和人数不足的缺陷。以色列军队总参谋长开创性地提出并立即实施了一个重大建议，即建立一个巅峰成就训练班，取名Talpiot。每年从以色列年轻人里挑选出最优秀分子进行全方位、全天候、高强度的训练，让他们接受大学和军队能够提供的最好教育，以培养国家顶尖的全能人才。

Talpiot每年首先从全国挑选2000名优秀高中生（占以色列全部高中生的2%），然后经过严格的综合性考评，从中挑出10%（200名）。200名千挑万选的天之骄子还要经过一系列考试和测评（包括生存能力、心理素质等各种我们可以想象和不可能想象到的测评和压力测试），最后大约有

10%~20% 的人能够正式进入 Talpiot，接受为期三年的培训。

据 Talpiot 毕业生的描述，Talpiot 的三年学习任务至少相当于世界顶级大学 6 年的学习任务。学习内容从基础科学、工程技术、经济金融、宗教文化到军事战略战术，无所不包。除此之外，还有大量真枪实弹的实践演练，这种实践演练不是我们大学里通常所说的实习，而是真正帮助解决以色列军队里的现实问题，譬如军事设备和技术的改进、战略战术的研究和设计、情报收集和分析、网络安全、侦查和打击恐怖主义等。如此高强度和全方位的训练并非最终目的，Talpiot 的最终目标是培养真正顶级的领导者和问题解决者。Talpiot 由以色列国防军的研究发展局（Mafat）负责，这一机构相当于美国国防部的高级研究计划署。

Talpiot 创办之后的 30 年时间，毕业生只有 650 名，这种极端式的精英教育是全世界绝无仅有的。Talpiot 毕业生皆成为以色列各个领域（军队、学术界、企业界和政府部门）的领军人物，以色列最著名的企业创始人多数是 Talpiot 毕业生。譬如，为全球许多公司提供电话监测和安全服务的 NICE Systems（耐斯系统）公司、全球领先的基因解码和药物开发企业 Compugen 就是由 Talpiot 毕业生创办。Talpiot 毕业生还是绝大多数纳斯达克上市的以色列企业的创始人或者关键领导者。

任何一个国家或民族，创新者和创业者毕竟都是少数，是一个国家和民族里的少数精英分子或奇特人才。我们可以说，创新和创业者具有某种特殊素质和基因，或许每个人都有潜在的创新创业素质和基因，但只有极少数人能够将这种特殊的素质和基因展现和激发出来。就好像佛教说"人人皆有佛性"，儒家说"人人皆可为圣人"，但毕竟古往今来，成佛、成圣者只是人群中的极少数。

一个国家和民族的少数精英分子成为创新者和创业者，他们对国家和民族乃至人类贡献良多，其他人皆因此而受益，或者说，其他人都是少数创新和创业者"正外部性"的享受者。电的发明者是法拉第、麦克斯韦、爱迪生、西门子等少数科学家、发明家和技术天才，享受者却是全世界的每一个人和每一个家庭；汽车的发明者是本茨、福特等少数技术天才和企业家，它们创造出全世界规模最大的制造业和服务业，为数之不尽的人提供交通方便，创造收入和就业；为计算机发明做出开创性贡献的数学家、科学家和工程技术天才顶多也就百十人（包括19世纪早期的英国计算技术天才巴贝奇，犹太数学大师冯·诺依曼，逻辑和密码技术天才图灵，等等），他们却开启了人类的第三次工业革命，全世界每个人都分享了计算机和信息科技革命的巨大利益；互联网的发明以及随之而来的搜索引擎、电子商务、即时通信、社交平台、移动互联、互联网支付等数之不尽的各种应用，都不过是少数创新者和创业者的"突发奇想"或"灵感奔涌"，然而世界却从此被彻底改变。一个乔布斯率领他的团队，发明出一系列闻所未闻的新产品，完全颠覆了计算机、移动通信、互联网和娱乐等多个行业，开启了计算机、智能手机和移动互联网的崭新时代，这样的成就堪称奇迹，说到底不过就是少数天才思想的运用和扩展。

从这个意义上说，人类朝向未来的演变方向总是由少数天才和英雄所引领和开创，历史就是"天才创造历史"和"英雄创造历史"。一个国家和民族的天才越多，英雄越多，创新者和创业者越多，这个国家就越能够实现持久的经济繁荣和收入增长。人类的天才越多，英雄越多，创新和创业者越多，整个人类就越能够实现持续的经济增长和生活改善。因此，任何国家或政府的首要任务就是创造出最佳环境（教育科研体系，创新和创业氛围），最大限度地激发或激励创新和创业，让那些天才的科学家、发明家、创新者和创业者最大限度地涌现出来。

相反，压制思想自由，钳制独立精神，试图以某一个人的思维来取代或支配所有人的思维，则是对人类智慧、知识、创新、创业、经济增长和生活改善的最大阻碍或破坏。

教育的重要功能（或许是最重要的功能）就是要让潜在的天才科学家、发明家、创新和创业者能够脱颖而出，激发其想象力，训练和强化其领导力和解决问题的能力，这种教育必须是自由开放的跨学科教育。精英教育就是发现、激发和培养天才、英雄，以及各个行业的开拓者和开创者。以色列的精英教育如此，美国的精英教育也是如此。

第四章
硅谷的秘密

硅谷是新经济的基石，繁荣的摇篮，所有其他国家效仿的标杆，资本主义最纯粹的表现。

——约翰·多尔，硅谷著名风险投资家

我曾经如饥似渴地拜读经济学著作，希望明白人类经济增长之谜；我曾经痴迷于复杂的经济学数理模型，希望漂亮的数学模型能够推导出关于经济增长的一切答案；我曾经幻想构思出一个包罗万象的抽象逻辑结构，希望由此演绎出经济增长的历史起源和演化路径。

然而，结果证明，这一切都是徒劳。

今天，全人类几乎不约而同地将实现经济持久增长的希望寄托在一个耳熟能详、家喻户晓的名词之上——创新。创新驱动发展，已经成为全球一致的口号和行动指南。1909年，奥地利经济学大师熊彼特首次高举"创新和企业家精神"是人类经济增长或动态演化的关键动力，却并没有成为20世纪经济学的主流思想。今天，无论是凯恩斯主义、货币主义还是新凯恩斯主义、理性预期学派和新古典学派，皆无法给全球经济的复苏和持久增长提供有用的思想启迪和行动指南，人们的思维很自然地再次转向熊彼特所极力强调的"创新""企业家精神""创造性毁灭"。

然而，纵然熊彼特毕生致力于以创新、企业家精神和创造性毁灭来解释人类经济增长的动态历程，但许多重大问题就连熊彼特也没有找到全面、深刻、系统的答案。譬如，究竟什么是创新？创新究竟是怎样一种活动和过程？创新是如何开始或发动的？企业家究竟是怎样的一种稀缺物种？创新生态体系究竟是怎样一种复杂系统？我们如何才能构建一个让企业家和创新者层出不穷的经济和产业生态体系？

理论是灰色的，生命之树常青！熊彼特做梦也不可能想到，他那被主流经济学殿堂拒之门外的创新、企业家精神和创造性毁灭等极富创见的伟大思想，却在遥远的旧金山湾区得到最精彩的阐释。如果熊彼特生于20世纪60—70年代之后，或许他不会再选择经济学术之路，而是直接投身到硅谷火热的"创造性毁灭"之中。即使他再写《经济发展理论》，对创造性毁灭、创新和企业家精神的描述也将大不相同。熊彼特的时代还没有见证过如此令人难以置信的事情——一个小小的湾区竟然能够改变人类科技、产业和经济发展的历史进程。

全球科技、产业、经济和学术界一致认为，硅谷对于美国，正如美国对于世界。多少年来，全世界远见卓识的政治家纷纷来到硅谷朝圣，希望找到拯救和提升本国经济的秘方；全世界远见卓识的企业家纷纷来到硅谷，希望找到拯救和创新自己公司的秘方；全世界雄心勃勃的投资家来到硅谷，希望找到能赚数十倍、数百倍、数千倍乃至数万倍的新科技项目和商业模式；全世界的经济学者和历史学者也纷纷来到硅谷，希望从中理解人类经济增长和财富创造的秘密。

全球学术界和企业界一致公认，斯坦福大学对于硅谷，正如硅谷对于美国。斯坦福大学成为全美国和全世界最顶尖、最富有的大学之一，也是全世界最难进入的大学之一，是全世界那些胸怀远大理想、矢志科技创富的无数学子的圣地。斯坦福大学和硅谷几乎成为一个不用区分的同义词，它的发展历史尤其是它一手开启硅谷时代的传奇经验，已经成为当代许多学者尤其是教育家梦寐以求的理想。

从旧金山往南，沿着美国 101 号公路，两边分布着大大小小 10 多个城市（依照中国的标准，有些所谓的城市顶多算个城镇）：圣何塞、帕罗奥多、圣克拉拉、山景城等。这个狭长的山谷地带就是举世闻名的硅谷。

硅谷创造的 GDP 超过 2 万亿美元，相当于世界第八大经济体。然而，这些枯燥的数字并不能准确衡量硅谷的重要性。同样是数万亿美元的 GDP，它们的含金量或真实意义却完全不同。硅谷所创造的惊人财富所蕴含的真实意义是：改造世界，创新世界，颠覆世界，引领世界。

硅谷为什么成为硅谷？硅谷与众不同的地方究竟在哪里？世界其他地

方究竟有没有可能借鉴和学习硅谷？地球上难道就没有第二个地方能够成为硅谷一样的创新圣地？

更为重要的问题是：创新为什么如此重要却又如此稀缺？纵观历史，人类开始出现持续的经济增长还不到300年，18世纪之前的人类社会几乎说不上有什么经济增长，至少没有今天意义上的持续经济增长。如果说创新是经济增长的关键动力或源泉，那么19世纪之前的人类社会为什么普遍缺乏创新动力呢？

综观世界，全球只有不到1/5的国家成功迈入高收入国家行列，全球70多亿人口里大约只有10亿人的收入水平进入中高收入行列。如果说创新是经济增长和收入提升的不二法门，那么为什么那么多国家或人口如此缺乏创新意识和创新动力？既然世界上已有如此成功的范例（硅谷），为什么其他国家或地区就不能像购买飞机、汽车、计算机那样，将成功的创新模式照搬回去呢？

令人困惑的是，一些国家和地区高喊要激发创新，致力于创新驱动发展，实际政策却与创新格格不入。一些人将创新简单地等同于科学发现和技术发明；一些人将创新视同商业模式或赚钱方式的花样翻新；一些人相信政府是推动创新的关键力量，认为政府能够主导和规划创新活动；一些人认为创新是风险投资和私募基金应该干的事情；一些人认为创新与思想自由和文化氛围毫无关系；一些人认为创新只是少数科技疯子或怪才的个人偏好；一些人甚至讨厌创新可能给本来平静的生活带来诸多麻烦和干扰。恰如古老印度寓言"盲人摸象"所寓意的那样，每个人对创新都有自己的一番见解，我们甚至无法给创新一个基本明确的定义。

尽管如此，却几乎没有人否认创新的确是人类经济增长乃至人类所有进步的原动力。我们可以毫不夸张地说，人类经济历史乃至整个人类历史就是一部创新的历史，如思想创新、理念创新、信仰创新（宗教创新）、科技创新、商业创新、政治组织创新、社会结构创新、文化艺术创新、生活方式创新等。

从广义上说，人类的一切变革都来自某种创新活动，从翻天覆地的划时代革命到日常生活的点滴改进，概莫如是。虽然人们通常从科技和商业的角度来界定和理解人类的创新活动，但是科技和商业创新活动却不是一种孤立的行为，也不能与其他各种形态的创新活动割裂开来。

我们需要以一种系统的思维模式来理解人类的创新活动。科技和商业创新活动往往就是由政治经济制度和组织的创新以及文化艺术的创新活动诱发和点燃。创新之火一旦点燃，很快就会成燎原之势，从根本上改变人类科技、商业和经济的面貌，甚至改变政治生态和人类的基本生活方式。第一次工业革命、第二次工业革命、第三次工业革命皆如此，每一次工业革命都是人类创新潜能的迅猛爆发、创新活动的高歌猛进、创新思想的风起云涌、创新企业的层出不穷、创新产品的日新月异、创新产业的新陈代谢、创新经济的快速增长。

人类创新的历史首先是一部英雄史。创新之火点燃之时，正是人类群星闪耀之时。每一次改变人类历史进程的科技、商业、政治和经济创新，都是少数具有远见卓识和天才绝伦的英雄人物发动，其他人只不过是英雄人物创新成果的追随者和受益者。

这些英雄人物个性独特、性格迥异，他们或许不是我们日常生活中备受喜爱的人物，也不是八面玲珑的人，更非道德高尚的正人君子或处世楷模，他们可能是疯子、怪才、怪杰、超人、黑客、极客、偏执狂、反叛者、一根筋、自恋狂、幻想狂、同性恋……然而，他们却具有一个共同的典型特征：他们渴望改变世界，他们总是对现状不满；他们渴望出人头地，期望在人类甚至宇宙中留下自己的痕迹。正如乔布斯所说，人生下来就是去改变世界，生命的意义和人生的价值就是要在宇宙中留下痕迹。

在漫长的人类历史长河里，只有极少数时期和极少数国家恰好孕育或创造出这样的环境，让这些稀奇古怪的人物风起云涌。的确，那种看不见摸不着、只能心领神会或切身感受的合适环境或氛围，才是天才各异的创新者和企业家孕育和生长的土壤。这种氛围或环境如此奇特，以至我们很难寻找到一个可以模仿或学习的固定模式。

就好像南美洲亚马孙的热带雨林能够孕育出地球上许多令人瞠目结舌的动植物一样，一个合适的经济和商业生态环境能够不断孕育出稀奇古怪的创新者、创业者、科技奇才和商业奇才。他们创造出五花八门、史无前例的新科技、新产品、新服务和新商业模式。你完全无法预测和预知，不知道什么时候就会冒出一个盖茨、乔布斯、扎克伯格和马斯克，也不知道未来的任正非、李嘉诚、马云、马化腾现在身处何处。你根本想不到下一个改变人类生活方式的企业家或企业现在是否已经诞生，也无法预测目前如日中天、不可一世的企业巨头何时会灰飞烟灭。你只能期待却不能预知，你只能有梦想却不能预测。

这种奇特的、恰如其分的政治、文化、经济和商业生态环境，或许正是创新、创业和企业家精神的最大秘密所在，也正是创新如此重要却又如此稀缺的关键原因。正如我们无法复制一个南美洲亚马孙动植物生态系统一样，我们也很难或根本不可能复制一个硅谷或以色列的创新和创业生态体系。亚马孙动植物生态系统的孕育和养成需要空气、水源、阳光、温度、地理位置等数之不尽的因素，恰如其分地配合和共生共长。缺乏任何一个因素，都不可能孕育和生长出亚马孙流域那样充满活力，也充满奇迹和惊喜的动植物生态圈和生态链。

同样，硅谷创新和创业生态系统的孕育和养成也需要大学、科研机构、天才科学家、天才企业家、产业集群、文化艺术、音乐、设计、宗教、反传统意识、外来移民、投机分子、风险投资家、企业门外的"野蛮人"、黑客和极客等数之不尽的因素和力量相互融合、冲撞、摩擦、竞争与合作，缺少任何一项，硅谷就不会成为硅谷。

　　正如亚马孙热带雨林生态体系与印度次大陆生态体系具有许多共同点，同时又具有各自的特征和演化路径及机制，以色列与硅谷的创业和创新生态体系也既具有许多共同的特征，又具有各自的特征和演化机制。高水平的大学和研究机构，天才的科学家和工程师，随处可见的风险投资者或投机者，强大的制造业集群和完善的制造业体系，各种渴望成名成家或发财致富的青年梦想家，等等，是硅谷和以色列创新和创业生态体系相似的地方。

　　但如果深入分析我们就会发现，硅谷创新和创业的文化基因和氛围与以色列有许多迥然相异的地方。如果说硅谷的创新和创业基因源自一种追求卓越、渴望成功、决心改变世界的理想主义和英雄主义情怀，源自多元文明和移民文化的生机与活力，那么以色列的创新和创业基因则更多地源自一种顽强的国家和民族生存意志、犹太文化天生与众不同的性格、对等级观念和制度的蔑视，以及对现状始终不满足的心理状态。

　　人类创新的历史是一部漫长的科学和技术演化史。任何一项伟大的科技创新和商业创新都有多个起源，即使是最伟大的创新者和企业家，他们的成功也必然源自前辈和同时代无数人的共同创造。涓涓细流汇成江海，没有无数人有意或无意的协同合作与竞争比拼，就不可能有创业英雄的群星闪耀。

　　以信息科技革命的摇篮硅谷为例，它首先源自 19 世纪后期和 20 世纪早期物理学的划时代革命。信息科技革命之所以能够发生，我们至少应该追溯到 19 世纪中后期英国伟大的物理学家法拉第和麦克斯韦。他们与许多物理学家一道，奠定了现代电磁学的坚实基础。法拉第发明电磁场的概念，麦克斯韦写出如此美妙的电磁学方程组，皆是人类天才灵感爆发最精彩和最迷人的时刻。正是法拉第和麦克斯韦等伟大物理学家的天才发现，直接启发了划时代的伟大发明，如贝尔发明电话，特斯拉和爱迪生发明电力和电灯。

到了 19 世纪末期和 20 世纪初期，伟大的德国物理学家普朗克从黑体辐射的深入研究里引发出量子概念的划时代假设，紧接着爱因斯坦提出光量子理论，两位天才共同开辟出物理学的崭新天地——量子力学。

很快，一大群天才物理学家纷至沓来，如玻尔、海森堡、薛定谔、狄拉克、波恩等。量子力学开启了人类认识微观世界的崭新境界，为人类利用物质微观结构重大发现（分子、原子、电子、质子、中子等内在结构和运行规律）来发明全新的技术和产品开辟出无限广阔的前景。如果没有科学家发现物质微观结构的奥秘，就不可能有无线电、电报电话、收音机、计算机、真空管、电子管、半导体和整个信息科技时代的发明。

硅谷的早期历史就是一群无线电爱好者在一起交流经验，试图改进各自热衷的电子设备。直到 20 世纪 30 年代，斯坦福大学著名教授弗雷德·特尔曼开设电子工程系，培养出像比尔·休利特、戴维·帕卡德、拉斯·瓦里安这样具有创新和企业家精神的学生，旧金山的南部湾区才开始逐渐成为以电子信息技术为中心的发明创造和创新创业的热土。

第五章

乔布斯：硅谷精神的化身

人生应该致力于创造伟大的事业，而不是为了赚钱。尽我所能创造出伟大的事业，能够将自己的事业融入人类历史和人类意识的滚滚洪流之中——这就是我心目中的生命意义和人生价值。

　　我憎恶那些自称企业家的人，他们实际上所做的事情就是创办一家公司，伺机出售或上市，然后套现走人。他们从来不愿意沉下心来去创办一家真正的公司，那是所有经营活动里最艰难的工作，唯有如此，你才能够做出真正的贡献，将前辈企业家留下的遗产发扬光大。

——史蒂夫·乔布斯（1955—2011）

2011 年 10 月 5 日，一个噩耗瞬间传遍全球，引爆全世界的悼念和追思浪潮。当代硅谷乃至全人类最伟大的企业家和创新者史蒂夫·乔布斯因患癌症医治无效与世长辞，年仅 56 岁。就在他溘然长逝的一个月之前，他亲手创办的苹果公司成为世界上价值最高的公司——市值超过 7000 亿美元，那是人类历史上首个市值超过 7000 亿美元的公司（2018 年，苹果公司再次成为人类首个市值跨越万亿美元的公司）。如果我们将市值和 GDP 等量齐观，那么乔布斯创办的苹果公司的市值已经超越世界上绝大多数国家的经济规模，位列世界前 15 大经济体之列。

超越 7000 亿甚至上万亿美元的市值足以让全球所有企业家五体投地，然而市值却不是刻画乔布斯和苹果公司伟大贡献的最佳指标。它们只是乔布斯留给人类遗产的一小部分，可能还不是最重要的部分。

他留给人类的最重要遗产是他那与生俱来、令人畏惧的创新活力和创造力，是他那与众不同的特立独行的精神给无数人心灵所带来的巨大震撼，是人的创新精神和创造力所能创造的前所未有的勇敢新世界。

他用如此鲜活的故事和数之不尽的产品与服务时刻启发着我们，人类的创造力和创新力的确可以创造新世界，人类的创造力和创新力也永远没有边界和止境。就像无数的创业和创新前辈一样，乔布斯的个人传奇变成了整个人类的传奇，他一个人所彰显和体现的创新和创业精神成为整个人类创业和创新精神的典范和永远被后世追求的榜样。

乔布斯的一生既是一部伟大的传奇活剧，又是一部莎士比亚式的令人感伤的悲剧。他是被亲生父母"遗弃"的孩子，虽然实属不得已，然而，被遗弃的经历却深刻和永远地改变了乔布斯的性格和人生观。很多他的幼年朋友和后来的同事都认为，乔布斯有时颇为古怪和极度暴躁的脾气正是源自他被遗弃所造成的心灵剧痛。

然而乔布斯自始至终认为自己"与众不同"，所以从小坚持特立独行，执意反叛正统宗教，开始禅修苦练，以至他毕生立志于追求卓越、追求完美，也是来自被遗弃所刺激出来的一种潜意识的巨大动力。他要以自己的特立独行和完美成就来向亲生父母证明，他们的遗弃行为正是他们最致命、最不可饶恕、最应该后悔的错误。所以乔布斯一直拒绝与亲生父母见面！被遗弃的心理创伤和乔布斯创办苹果公司以及随后一系列伟大创新是否具有某种潜意识的必然联系，是心理学家正在研究的重要课题。然而无论如何，被遗弃所造成的心灵伤害伴随了乔布斯的一生，尽管大多数时候只是在潜意识深处慢慢发酵，却为他的一生平添了许多令人感伤的悲剧色彩。

　　悲剧色彩远不止此。2004 年，正值乔布斯拼命工作力图将苹果公司重新焕发生机的关键岁月，尚不到天命之年的乔布斯被确诊患上胰腺癌。乔布斯为世界贡献了众多的新产品和新服务，开创了信息科技时代的新篇章，却没有一种产品和服务能够治愈他的胰腺癌。56 岁正是一个企业家，尤其是一个成功公司首席执行官的黄金岁月，然而，胰腺癌却无情地夺去了乔布斯的生命，给全世界人民留下了无限的悲伤和感慨。倘若乔布斯能够继续生活 10 年、20 年、30 年或更长时间，他还将给人类带来多少惊喜？他将把苹果公司和信息科技革命带向何方？他将继续取得成功还是会戛然而止，或者以致命错误收场，正如他多年前被自己亲自创办的苹果公司董事会扫地出门一样？

　　当然，更为重要的是，人类的高贵灵魂总是对自己的优秀分子给予特别的崇敬和喜爱。如此伟大的一位企业家和创业者，人们都希望它能够健康长寿，颐养天年。然而，乔布斯却在人生最辉煌的时刻撒手人寰，是喜还是悲，是天命还是偶然？

　　确诊身患癌症之后，乔布斯主动邀请美国著名传记作家沃尔特·艾萨克森为他立传。这是极不平常的事情，因为很少有企业家或个人会主动要求一个著名的传记作家为自己树碑立传。艾萨克森写过的人物包括爱因斯坦、本杰明·富兰克林和基辛格。当他第一次被乔布斯邀请作传之时，艾萨克森委婉地告诉乔布斯，他尚未达到与爱因斯坦、富兰克林和基辛格等量齐观的高度，因为那时（2004 年）的乔布斯和苹果，仍然处于一个很不确定的上升期。艾萨克森建议 10 年或 20 年之后，等到乔布斯退休之后再作考虑。

为什么乔布斯急于邀请一位著名的传记作家为他立传，而且是在自己和苹果公司依然处于不确定的上升时期？难道是他早已坚信苹果公司必定成为世界上市值最高的公司，必定会从根本上改变信息时代的面貌和方向？难道是他坚信自己的创业和创新之路必定是人类的宝贵财富，需要在他有生之年能够被完完整整地记载下来以传后世？现在看来，这些问题的答案都是完全肯定的。

众所周知，乔布斯和苹果公司的伟大成就至少给六大产业带来革命性变化——个人计算机、动漫电影、音乐制造和传播、手机、桌面计算技术和数字出版技术。事实上，因乔布斯和苹果公司的创新而引发革命性变革的还有第七个行业——零售业，当然还有更多行业深受乔布斯和苹果的创新思维和创新科技影响。

乔布斯和苹果的成功故事无疑是过去数十年信息科技时代和人类商业历史上最伟大、最令人难以置信的传奇，他和苹果创造了信息科技时代的多个奇迹，立下了一座座令人肃然起敬的里程碑。

更为重要的是，乔布斯和苹果的创新和创业故事每时每刻都在激发着成千上万的优秀青年迈上创业和创新的征途，激发他们去追求改变世界的宏伟梦想。就像历史上无数伟大的创业者和企业家一样，乔布斯和苹果公司的影响力将一直持续下去。乔布斯年轻时代的偶像之一就是惠普公司的两位创始人——戴维·帕卡德和比尔·休利特。乔布斯的梦想就是像他们那样，"创建一家充满创新精神和创造活力的伟大公司，其生命要超越个人的生命"①。

艺术和科技的完美结合是创新和创造之源，这是乔布斯和苹果公司奉献给世界的第一条创新定律。乔布斯如此评述自己："孩提时代，我总是认为自己是一个充满人文精神的人，然而同时我又喜欢电子科技。宝丽来公司的艾尔文·兰德曾经说过，能够站在人文和科技交叉点的人物就是非常重要的人物。艾尔文·兰德是我心目中的英雄之一，当我读到他的这番话时，我就决定这正是我希望追求的人生目标。"②

沃尔特·艾萨克森说："当我听到乔布斯的这番自我独白之时，我就觉得他似乎是在暗示自己传记的主题。当人文情感和科技激情同一个强大的人格结合起来之时，创造性就将应运而生，这也正是我撰写爱因斯坦和富兰克林传记之时最令人佩服的主题。我深信艺术和科技的完美结合正是人类在 21 世纪创造创新型经济的秘诀所在。"③

乔布斯就是这种创新和创造活力的化身和最杰出的代表。正如艾萨克森所说："美国正在思考和寻找各种办法，以持续保持全球创新先锋的领导地位，整个世界正在试图创建数字时代的创新和创造性经济。乔布斯正是伟大发明、超越想象力和持续创新的终极偶像。乔布斯深知，在 21 世纪创造价值的最佳办法就是将人类思想的创造力与科技完美结合起来，所以他创办了一家伟大的公司（苹果），这个公司将不断超越的想象力与超乎想象

---

① Walter Isaacson. *Steve Jobs.* Simon & Schuster, 2011, p.569.

② Walter Isaacson. *Steve Jobs.* Simon & Schuster, 2011, p.567.

③ Walter Isaacson. *Steve Jobs.* Simon & Schuster, 2011, p.xix.

的工程技术完美结合起来。乔布斯和他的苹果公司的同事们确实能够特立独行，'非同凡想'。他们所做的不仅仅是依靠一些专门小组来发展一些平常的创新产品，而是一系列消费者从来不知道他们有需求的崭新的技术、产品和服务。"[1]

乔布斯：硅谷独特创新文化生态系统的产物

艾萨克森所著的《史蒂夫·乔布斯传》如此描述个人计算机时代的来临和苹果公司的起源。

20世纪60年代的旧金山和桑塔克拉拉谷地，一条条奔腾激荡的文化洪流汇聚到一起。先是军事订购合同的快速增长，紧接着是电子公司、微芯片制造商、视频游戏设计者和计算机企业异军突起，迅速引爆了一场技术革命。与此同时，黑客文化暗流涌动。网络玩家、电话飞客、数字朋克、业余爱好者、各种痴迷的极客，五花八门，应有尽有。他们是那些与惠普公司中规中矩的企业文化不合拍的工程师，是那些对企业各种层级部门管理感到浑身不舒服的年轻小伙子。与科技文化滚滚洪流并行不悖的，还有研究迷幻药效果的半学术团体，参与者中颇有些著名的人物；有嬉皮士运动，源自旧金山湾区所谓垮掉的一代；有政治反叛活跃分子，来自伯克利地区的言论自由运动。笼罩在所有这些文化潮流背后的则是各种令人眼花缭乱的自我实现运动，以寻找个人觉醒的各种途径和修行办法：禅修、印度教、打坐和瑜伽、

---

[1]　Walter Isaacson. *Steve Jobs.* Simon & Schuster, 2011, p.xxi.

原始呐喊、感官剥夺、集体心理治疗等。

年轻人拥抱爱与和平、反对战争的澎湃动力与微处理器的强大威力、个人的自我觉醒和飞速的科技革命完美结合起来，构成20世纪60年代后期旧金山文化的主流。乔布斯正是这种文化的化身。黎明时分他打坐禅修，白天到斯坦福选修物理学，夜幕降临就到雅达利（Atari）公司设计游戏，同时梦想着开创自己的事业。[①]

乔布斯自己回忆那个时候时说："这些事情都发生在那里。最好的音乐诞生在那里，集成电路也诞生在那里，还有一些令人激动不已的新鲜玩意儿，譬如《全球概览》(Whole Earth Catalog)杂志。"[②]这个奇怪杂志的创办人是斯图尔特·布兰德。布兰德身上汇集了旧金山硅谷的奇特文化。他是一个富有洞察力和远见卓识的恶作剧分子，数十年里给硅谷那些创业者贡献了无数新奇的思想和主意。

布兰德创办《全球概览》的基本理念就是要让科技成为人类的朋友。他说："我们那个时代的绝大多数人都将计算机看作集中控制的化身。然而，却有那么一小撮人——他们后来被称为黑客——热情拥抱计算机，立志将计算机改造成为自由的工具。事实证明，这才是迈向未来的康庄大道。"[③]

《全球概览》的副标题就是"拥抱工具"(Auess to Tools)。布兰德为《全球概览》所写的发刊词如此宣告："一个内在的、个性化的不竭动力正在勃然成长。每个人都将规划自己的教育，开掘自己的灵感和启示，塑造自己的环境，将自己的创举和事业与感兴趣的人分享。为达此目的，人们

---

① Walter Isaacson. *Steve Jobs*. Simon & Schuster,2011, p.56–57.

② Walter Isaacson. *Steve Jobs*. Simon & Schuster,2011, p.57.

③ Walter Isaacson. *Steve Jobs*. Simon & Schuster,2011, p.58.

需要而且正在寻找各种工具，《全球概览》的使命就是推广这些工具。"①

乔布斯很快被《全球概览》倡导的哲学理念和技术工具吸引，成为其忠实粉丝。布兰德则认为乔布斯正是《全球概览》所极力弘扬的多元文化融合最纯粹的化身之一。布兰德说："乔布斯真正处于反文化潮流和科技潮流的交汇点。他完全理解如何利用科技手段为人类服务。"②

这就是贯穿乔布斯一生创新和创造的基本主题：艺术和科学的完美结合是创新和创造的不竭源泉。科学或许可以学习、借鉴或照搬，艺术则是完全个性化的，是个人灵感的迸发，是个性的张扬、精神的彰显和情感的表达，没有任何规律可循。艺术作品都是个性精神、灵魂和情感的结晶。

很多人相信所谓创新和创造就是科学研究和技术开发活动，任何地方只要引进科技人才，建立科研基地和高校院所，就可以激发创新和创造；很多人相信国家控制下的科技活动是创新的主要源泉，相信国家的科技政策和科研扶持能够建立起创新和创造中心。虽然政府的产业政策和科技扶持能够有效促进科研活动和产业发展，然而，真正意义上改变世界的创新和创造是完全无法预知和事先计划的，也是政府无法掌控和调节的。正如乔布斯所坚信的那样，未来不能被预测，只能被创造。

艺术和科学的完美结合才是创新和创造的不竭源泉。这个基本规律能够很好地解释围绕人类创新活动的诸多不解之谜：为什么硅谷如此独特？为什么以色列如此例外？为什么广袤的地球上只出现了那么几个堪称创新中心或具有创新活力的地方？创新为什么如此重要却又如此稀少？因为文化从本质上是无法复制、无法学习和无法借鉴的。

一种奇特文化氛围的养成就是一种令人惊异、难以理解的"例外"，也

---

① Walter Isaacson. *Steve Jobs.* Simon & Schuster, 2011, p.57.

② Walter Isaacson. *Steve Jobs.* Simon & Schuster, 2011, p.58–59.

是多种因素和力量恰如其分地巧妙组合，少了任何一个元素，这种奇特的文化氛围就可能消失殆尽、荡然无存。

科技疯子、嬉皮士、黑客、极客、政治的异见分子、音乐和艺术怪才、渴望暴富和出人头地的投机者、潜心科学发明和创造的理性科学家、毕生致力于完美工程的工程师、引导灵魂修行的宗教导师、辍学者……如此多元的文化因子聚合到一起，不断融合，不断发酵，不断催化，一种奇特崭新的文化生态系统"突变"出来。如此奇特和崭新的文化生态系统必然孕育出各种稀奇古怪的人物、思想和产品。硅谷的秘密在此，然而这个秘密是如此明显，以至没有任何地方能够完全照搬，甚至连学习和借鉴都谈不上。

2006年诺贝尔经济学奖得主、哥伦比亚大学的埃德蒙·费尔普斯教授数十年致力于研究创新和经济增长。2010年他出版著作《大繁荣》，同样将文化氛围或创新文化生态体系置于一个创新经济体系的核心，这在经济学传统里非常少见。[①]迷恋实证经济学的学者往往认为文化"看不见摸不着"，无法实证，从而难以成为任何重要经济现象的解释变量。然而，任何深入研究硅谷和其他创新活力中心的人，都应该达到一个一致的结论：一个充满活力和无限可能性的文化生态系统才是创新活力之源。

卡里斯玛效应和乔布斯的现实扭曲力场效应

理想主义和英雄主义精神，甚至是一种偏执狂的理想主义和英雄主义精神（譬如格鲁夫的《只有偏执狂才能生存》所阐释的那种偏执狂精神），

---

① 埃德蒙·费尔普斯.大繁荣：大众创新如何带来国家繁荣［M］.2版.余江，译.北京：中信出版社，2018.

可能是一切伟大创业者或创新者（无论哪个领域）的共同素质。一切创业者、创新者和企业家身上最令人折服的素质就是理想主义和英雄主义情怀。

创业初期，乔布斯的苹果公司很快获得极大成功。第二代苹果机从1977年问世，到1981年的销售就突破21万台。然而，乔布斯始终不满意，他渴望制造出更好的计算机。更为重要的是，他内心深处燃烧着一种奇特的激情，用他自己的话说："我渴望创造出一种机器，能够在整个宇宙间制造出一个凹痕！"这种大梦想家的理想主义激情，大概是硅谷最重要而奇特的文化元素之一。

有一次乔布斯到斯坦福大学访问。他自己还只是一个20多岁的创业者，就开始抱怨年青一代过于热衷物质主义和功名利禄，缺乏他年轻时候的理想主义情怀。

乔布斯说："当我上学的时候，正是20世纪60年代，追逐现实目标的时代还没有降临。现在的学生从不以理想主义的思维来思考任何问题，至少不像我们当时那样。我们那个时代完全不同，20世纪60年代理想主义的强劲风潮始终从背后推动着我们，对于我所知道的我们那一代的绝大多数人，理想主义精神已经深深植根他们的血液之中了。"[1]

伟大创新者和创业者最大的秘密之一可能是理想主义和英雄主义所激发出来的卡里斯玛效应。卡里斯玛效应有点儿中国文化传统里所讲的强大气场或无限感染力，然而气场或感染力不足以描述卡里斯玛效应。卡里斯玛效应的内核正是一种高远的理想主义和英雄主义情怀。凡是具有高远的理想主义和英雄主义情怀的人，总有一种令人难以抗拒的卡里斯玛效应，这也是一切伟大领导者不可或缺的元素。

---

[1] Walter Isaacson. *Steve Jobs*. Simon & Schuster, 2011.

乔布斯领导苹果公司的过程中，经常给他的团队下达几乎不可能完成的任务指令。一开始团队成员觉得他简直就是疯了，然而在乔布斯的坚持甚至是蛮横要求之下，团队竟然真的能够完成初看起来不可能完成的任务。能够最大限度地激发自己和他人的潜能，去完成通常情况下看似不可能的任务，实现通常情况下看起来没有可能实现的理想，这种激发潜能的气场或能量就是卡里斯玛效应。

其实我们每个人都会有这样的经验，当你和一个自己仰慕的英雄人物在一起的时候，往往会受到极大的感染或鼓舞；一个伟大人物的一次演讲、一篇文章、一次露面或某个行动能够改变许多人的人生轨迹；著名艺术家（尤其是摇滚歌星）的现场演出让听众如痴如醉；伟大宗教家的布道让无数追随者如痴如狂；伟大军事家的战略战术能力和军事动员才能让百万大军舍生忘死勇往直前；伟大企业家和创新者的天才构想和宏伟志愿能够激励无数人毫无保留地为之不辞辛劳地努力工作。这种卡里斯玛效应是人世间最可贵的本质之一，也是推动人类进步最根本的力量。人类历史上的一切重大变革大多源自具有卡里斯玛效应的领导者的鼓动和引领。19 世纪英国大文豪和思想家托马斯·卡莱尔提出了著名的"英雄崇拜"理论，他认为，英雄的本质就是一种激发自己和他人潜能的独特魅力和能力。

乔布斯所展现的卡里斯玛效应集中体现为现实扭曲力场效应。乔布斯正是凭借这种不可思议的力量，去激励团队忘我工作，去实现那似乎不可能实现的伟大目标。

乔布斯的很多同事都认为乔布斯身上有一种奇特的力量，也可以说是一种欺骗力或"忽悠"的力量。他们将这种力量命名为现实扭曲力场效应。最早指出乔布斯具有这种能量的人正是麦金塔（Macintosh）团队的工程师巴德·特里布尔。当时，乔布斯要求团队在不到一年的时间里按照他的严格要求设计出完整的麦金塔计算机。即使在最优秀的团队工程师心里，这也是一个几乎不可能完成的工作。巴德·特里布尔告诉同事："乔布斯简直就是发疯，这从根本上就是不可能完成的事情。"

然而，巴德·特里布尔也认识到，乔布斯从来不接受任何不同意见。他将乔布斯的这种品质形容为《星际迷航》电影里所描述的"现实扭曲力场效应"。巴德·特里布尔向同事们解释什么是现实扭曲力场效应："只要乔布斯在，现实就是可以改造或重塑的。他有能力让任何人相信任何事情都是可行的。然而只要他不在这里，这种效应就立刻消失了，所以，要制定一个符合实际的工作日程表就非常困难。"①

巴德·特里布尔从《星际迷航》电影里的一个情节里受到启发。那个情节就是"宇宙动物园"片段。在那个片段里，动物异形们完全凭借精神的力量创造出他们自己崭新的世界。巴德·特里布尔用这个名词来描述乔布斯的人格魅力，既带有赞美和褒义，也带有警告的含义："一旦被乔布斯的现实扭曲力场效应迷惑，那将是非常危险的。然而，也正是凭借这种惊人的力场效应，他事实上确实能够改变现实。"②

麦金塔团队的同事们起初不太相信乔布斯有巴德·特里布尔描述的那么神奇。工作一段时间之后，他们就开始深刻地体会到乔布斯确实有那种神奇的现实扭曲力场效应。

一位同事如此描述："现实扭曲力场效应是多重因素结合到一起所形成的一种令人迷惑不解的混合物——拥有华丽辞藻的语言天赋、不可战胜的意志力、决心改变或扭曲任何现实以配合眼前需要实现的目标。"③

---

① Walter Isaacson. *Steve Jobs*. Simon & Schuster, 2011, p.117–118.

② Walter Isaacson. *Steve Jobs*. Simon & Schuster, 2011, p.118.

③ Walter Isaacson. *Steve Jobs*. Simon & Schuster, 2011, p.119.

乔布斯的另一位同事说："令人惊奇的是，即使是你清楚地意识到乔布斯具有现实扭曲力场效应，从而试图抵制它，它却依然有效。同事们经常在一起讨论究竟掌握哪些技巧才可以制造出现实扭曲力场效应。后来我们放弃了这种白费心思的努力，意识到现实扭曲力场效应完全是一种自然的力量。"①

当然，有些人认为所谓的现实扭曲力场效应不过就是对乔布斯善于忽悠的一种客气的说法。然而，事实上，现实扭曲力场效应远比忽悠要复杂得多。乔布斯时常武断地坚称某些事情就是事实——无论是有关世界历史还是某个人提出的某个新想法。乔布斯的现实扭曲力场效应源自他有意识地否认现实，不仅是对别人否定，而且对自己也否定。苹果公司一位同事说："乔布斯能够欺骗自己，他正是以此欺骗其他人相信他的愿景，因为他自己首先就相信这个愿景，并且将这个愿景和他的整个身心融为一体。"②

不仅乔布斯具有现实扭曲力场效应，很多人都有，只是强度不同。乔布斯之所以这么做，是因为他急切渴望实现某个目标。乔布斯的拍档沃兹尼亚克对现实扭曲力场效应的神奇效果感到震惊："当乔布斯对未来的勾画完全缺乏逻辑的时候，他那神奇的现实扭曲力场效应就开始发生作用了。譬如，当他告诉我，说我能够在几天之内设计出《最后逃亡》游戏时就是如此。你知道这原本是根本不可能的事情，然而，他那神奇的现实扭曲力场效应就有可能让它成为现实。"③

几乎所有乔布斯的同事都同意沃兹尼亚克的说法。当他们陷入乔布斯的现实扭曲力场效应之后，每个同事都会变得有点如痴如醉，就好像喝了

---

① Walter Isaacson. *Steve Jobs*. Simon & Schuster, 2011, p.119.

② Walter Isaacson. *Steve Jobs*. Simon & Schuster, 2011, p.119.

③ Walter Isaacson. *Steve Jobs*. Simon & Schuster, 2011, p.118.

一种奇特的饮料那样难以自拔。

乔布斯的一位女同事黛比·科尔曼与沃兹尼亚克一样，相信乔布斯的现实扭曲力场效应极其强大、异常有效。"正是这种效应激发乔布斯的团队改变了整个个人计算机产业的发展轨迹，尽管苹果公司仅仅拥有相当于施乐公司或 IBM（国际商业机器公司）一小部分的资源。""现实扭曲力场效应是一种自我实现的扭曲效应。你实现了那些看起来根本不可能的事情，因为你已经不知道那是不可能的！"①

乔布斯那种神奇的现实扭曲力场效应究竟来自哪里呢？

沃尔特·艾萨克森认为，乔布斯的现实扭曲力场效应的根源是他坚信那些所谓的规则并不适用于他。自童年开始，他就不断积累这方面的证据。他经常让现实屈从自己的意愿。反叛意识和钢铁般的意志力是他与生俱来的品德。

乔布斯有一种强烈的自我意识，坚信自己与众不同，坚信自己是被选择出来担当大任的特殊人物，是已经觉悟了的人物。乔布斯的同事如此评说乔布斯："他坚信世界上有那么一小群人是特殊人物——譬如爱因斯坦、甘地和他在印度见到的那位上师。他坚信自己就是这群特殊人物中的一员。乔布斯曾经向他的女朋友谈及此事。他甚至曾经向我暗示他就是那个已经觉悟的人，就像尼采那样。"②

乔布斯从来没有研读过尼采，然而，乔布斯似乎天生就具备尼采所颂扬的"权力意志"和"超人"的特殊人格。

尼采的《查拉图斯特拉如是说》中如此写道："超人之精神完全依照自己的意志来向全世界行使自己的意志力，那个曾经被世界遗忘或抛弃的人

---

① Walter Isaacson. *Steve Jobs*. Simon & Schuster, 2011, p.119.

② Walter Isaacson. *Steve Jobs*. Simon & Schuster, 2011, p.119.

如今已经完全征服了世界。"

依照尼采的说法，如果现实不符合自己的意志和愿望，超人就完全忽视它或忘记它。乔布斯正是如此，他对待日常家庭或情感生活也往往如此，譬如他拒绝承认自己的第一个女儿，他干脆选择忽略掉那是自己的女儿；他初次被诊断身患癌症时，也选择忘掉自己已经身患癌症。甚至是日常小事，乔布斯也要刻意显示自己不受任何外部条条框框的约束，显示自己与众不同。譬如他故意将车停到残疾人车位上，故意不把驾驶证件放到车上，等等。

创新就是"非同凡想"：艺术和科技的完美结合

沃尔特·艾萨克森书写《史蒂夫·乔布斯传》的一个基本主题是，人文和科技的结合往往是创新和创造的源泉。"当一个强大的人格将他对人文和科技的强烈感受完美结合到一起的时候，创造就会应运而生。爱因斯坦如此，本杰明·富兰克林如此，乔布斯也如此。"[①] 正是这个令人着迷的主题驱使艾萨克森撰写《爱因斯坦传》《富兰克林传》《史蒂夫·乔布斯传》。

人文与科技的完美结合，是人类创新和创造的最大秘密，是一切伟大商业和产品设计永不枯竭的灵感之源，是人类一切学问的最高境界。具备人文关怀和艺术美感的科技创造是最高层面的科技创造。历史上著名的伟大案例数之不尽，当代最著名、最伟大的案例应该就是乔布斯主导设计的苹果公司系列产品。

苹果公司创立伊始，乔布斯就立志要创造出一个能够在宇宙中烙下深

---

① Walter Isaacson. *Steve Jobs.* Simon & Schuster, 2011, p.xix.

刻印记的产品。从麦金塔个人计算机的设计开始，乔布斯以毫不妥协的顽强和笃定，将人文情怀、艺术美感和最新科技完美结合起来，毕生矢志不渝，创造出当代世界科技创新、工业设计和艺术创造的伟大传奇。

乔布斯似乎天生具有深刻的艺术感受力，他对美的敏锐感受和深刻认知超乎常人。少年时代就痴迷于古典音乐和现代音乐，他对他那个时代的伟大音乐家了如指掌。那些伟大音乐家的美妙音乐触动了他内在的美的灵魂，深化了他对艺术和美的认知，改变了他对人生价值和生命意义的看法。音乐正是硅谷创新文化不可分割的组成部分。

他坚定拒绝了父母要求他申请就读斯坦福大学或伯克利大学的要求，执意跑到俄勒冈州的一所艺术学院——里德学院（Reed College）去学习艺术。无数青年所向往和迷恋的艺术学院的自由氛围与乔布斯那种桀骜不驯、放荡不羁的个性依然格格不入，于是他读了不到一年就决定辍学，改为旁听。旁听的课程五花八门，无所不包，很大程度上决定了乔布斯未来商业设计和工业设计的基本理念。他旁听艺术学院的书法课程，激发起对优美线条的赞赏和热爱。

乔布斯后来回忆说："从辍学的那一刻起，我不用再去上那些我压根儿不感兴趣的课程，我开始到处旁听那些看起来趣味盎然的课程。其中一门课程就是书法。校园里张贴的课程广告写得如此漂亮，我一下子就被吸引过去。我学到了有关字体的各种知识，了解到各个字母之间的间距能够千变万化，从而构成千变万化的漂亮字体。我明白了伟大的凸版印刷技术如何能够那么伟大。书法作品所具有的那种特殊的美丽、历史厚重感、艺术上的巧妙和细腻，都是科学所无法企及的，我发现书法艺术是如此迷人。"①

---

① Walter Isaacson. *Steve Jobs*. Simon & Schuster, 2011, p.40–41.

正如沃尔特·艾萨克森所说："乔布斯总是有意识地将自己置于艺术和科技的交叉点上。他毕生所设计的所有产品，都力求实现科技与伟大的设计、优雅的品位、人文关怀和感受以及浪漫情感的完美'联姻'。他是力推个人计算机用户友好型图像界面的先锋。乔布斯早年从书法课程里所获得的知识和灵感恰好就成为图像界面设计的标志和符号。乔布斯说：'如果我当时没有在艺术学院恰巧选修了这门书法课程，麦金塔个人计算机就永远不会拥有多样化字体或空间比例和谐美丽的各种字形。加上后来微软视窗操作系统不过是抄袭了麦金塔的设计，所以我甚至可以说，假若当时我没有选修那门课，或许没有任何个人计算机会拥有今天习以为常的美丽图像界面。'"①

乔布斯说："人生应该致力于创造伟大的事业，而不是为了赚钱，尽我所能创造出伟大的事业，能够将自己的事业融入人类历史和人类意识的滚滚洪流——这就是我心目中的生命意义和人生价值。"②

对佛教尤其是禅宗的痴迷，是乔布斯式美感的主要来源。他后来回忆说："我始终发现佛教——尤其是日本禅宗——具有最高级的美学价值，无以复加。我平生所见过的最美妙的艺术创造是京都的花园。我被日本文化所创造的美妙艺术作品深深感动，这种文化直接来自禅宗。"③

1972 年，17 岁的乔布斯刚刚进入艺术学院，正值美国校园文化发生历史巨变的时刻。美国深陷越南战争难以自拔，年轻人对国家的荣誉和权威产生怀疑和绝望，激进政治活动不再是美国校园的主流文化，取而代之的是追求个人的自我实现。沉思、灵修、觉悟、启示、顿悟、精神提升和自

---

① Walter Isaacson. *Steve Jobs.* Simon & Schuster, 2011, p.41.

② Walter Isaacson. *Steve Jobs.* Simon & Schuster, 2011, p.41.

③ Walter Isaacson. *Steve Jobs.* Simon & Schuster, 2011, p.128.

我完善，成为大学宿舍里年轻学生通宵达旦热议的话题，成为许多年轻学子争先恐后急于尝试的人生新体验。当乔布斯跨入里德学院大门之时，校园里最受追捧的著作就是《活在当下》(*Be Here Now*)。

音乐和禅宗是乔布斯短暂校园生活的精神支柱。迪伦的音乐是乔布斯的最爱，他拥有最多的迪伦音乐会私下录制的唱片合集。他与一位来自纽约富裕家庭却深信佛教的同年级同学丹尼尔·科特克很快成为精神上的好友。他们与另外一些有共同精神趣味的同学一道，在宿舍里通宵达旦地辩论人生的意义，去学院附近的教堂出席爱情盛典，去禅修中心尝试素食。

他们从精神灵修上得到极大的快乐，尤其是对禅宗哲学和生活趣味达到痴迷的程度。根据乔布斯的回忆，大学初期，他们阅读过的禅宗著作包括铃木俊隆的《禅者的初心》、帕拉宏撒·尤迦南达的《一个瑜伽行者的自传》、创巴仁波切的《突破修道上的唯物》等。

与同学们一道，乔布斯还设计了专门的禅修打坐室，装饰全部都是印度风格。20 世纪 70 年代初期，乔布斯他们对佛教尤其是对禅宗的痴迷颇有点儿像 80 年代后期中国大学校园里对萨特存在主义和尼采超人哲学的痴迷。

然而，乔布斯对东方灵修文化尤其是禅宗佛教的痴迷绝非是昙花一现的热情或年轻不谙世事的一时冲动，他以自己那典型的专注和高强度工作状态投入禅修之中。禅宗的精神和理念已经深深融入他的性格之中。

丹尼尔·科特克说："乔布斯非常相信禅宗，禅宗对他的影响极其深远和强大。你看看他那种质朴甚至原始的生活方式，极简风格的美学态度，心无旁骛的高度专注，就知道禅宗对他影响有多么深刻。"[1]

---

[1] Walter Isaacson. *Steve Jobs*. Simon & Schuster, 2011, p.51.

佛教对直觉的高度重视也深深影响了乔布斯的思维方式。他后来回忆说："我开始认识到，直觉和意识远比抽象的思考和智力的逻辑分析重要得多。"自我矛盾的是，对禅修的痴迷却并没有让乔布斯养成平和的心态，他内心深处的强烈激情让他很难实现内心的平和。

乔布斯对所有美妙的艺术设计和工业设计都时刻关注，充满兴趣，并随时准备借鉴到苹果公司产品的设计之中。从珠宝艺术品蒂芙尼、奔驰汽车、保时捷汽车、大众甲壳虫汽车、索尼公司的产品，到梅西百货公司的各种商品，都是乔布斯仔细观察和研究的对象。他不会放过任何新的设计创意和技巧。

如果用一句话来概括乔布斯创新的一生，那就是思考和创造不同的事物。1997年，乔布斯重新掌控苹果公司之后，他和广告创意设计者为"新"苹果公司设计的广告主题就是"非同凡想"（Think Different）。他坚持此处的 different 为名词，think different 和 think differently 不同之处在于，后者只是从不同角度思考，思考的还是同一个事物或同一件事情；前者则是思考完全不同的事物，思考或构想一个崭新的世界。思考或构想完全崭新的世界，用与众不同的角度去思考同一件事情或同一个事物，当然是完全不同的境界。

乔布斯选择众多世界历史上的伟大人物作为苹果公司"非同凡想"广告创意的代言人。那是一长串令人肃然起敬的名单：

爱因斯坦：相对论创立者，人类有史以来最伟大的科学家之一。

甘地：印度独立之父，非暴力不合作运动的倡导者和精神领袖。

约翰·列侬：著名的披头士乐队创始人，被美国著名音乐杂志评选为历史上最伟大的 50 位流行音乐家之一。

鲍勃·迪伦：美国著名摇滚歌星和原创音乐家，诺贝尔文学奖得主。

毕加索：西方现代绘画艺术的主要代表人物。

爱迪生：人类最伟大发明家之一，电力行业的开拓者。

卓别林：电影艺术传奇大师。

马丁·路德·金：美国最著名的黑人民权运动领袖。

玛莎·格雷厄姆：现代舞奠基人。

安塞尔·亚当斯：美国著名摄影大师。

理查德·费曼：20世纪伟大的物理学家，1965年诺贝尔物理学奖得主，被认为是爱因斯坦之后最睿智的物理学家，对量子电动力学和粒子物理学有巨大贡献，也是美国曼哈顿计划的主要参与者。

玛丽亚·卡拉斯：美籍希腊著名女高音歌唱家。

弗兰克·劳埃德·赖特：美国著名建筑设计师。

詹姆斯·杜威·沃森：DNA双螺旋结构的发现者之一，20世纪分子生物学的主要开拓者，1962年诺贝尔生理学或医学奖得主。

阿梅莉亚·埃尔哈特：首位独自飞越大西洋的美国女飞行员

……

上述名单里艺术家人数最多，其次是科学家，政治领袖仅两人（甘地和马丁·路德·金），企业家则一个也没有。我们不知道当时乔布斯和他的广告创意设计师为什么没有挑选企业家，难道是乔布斯认为没有一个企业家（他自己之外）堪称"非同凡想"的典范吗？

事实上，他衷心热爱和高度尊重的企业家有很多，包括惠普公司的两位创始人休利特和帕卡德、英特尔公司的创始人罗伯特·诺伊斯和传奇首席执行官安迪·格鲁夫，他们都是乔布斯心目中偶像级的人物。

不过有一点倒是很清楚，乔布斯可能更相信艺术家是最具"非同凡想"的群体。作为一名艺术学院的辍学者，乔布斯对音乐、建筑、设计等多个艺术领域都有自己独到的见解。乔布斯对艺术美感的敏锐直觉超乎常人，他对美的深刻把握完全折服了他的同事和合作伙伴。乔布斯堪称是具备完美艺术家气质的伟大企业家第一人。

顾名思义，创新就是思考和创造不同的事物，从不同的方向、不同的视角来思考习以为常的世界。纵观乔布斯的一生，他的创新思维至少有如下几个维度：

其一，产品设计优先产品制造，艺术先于科技，艺术与科技实现完美结合。

其二，深刻思考产品和服务的本质，直达事物根源。

其三，将以人为本的产品和服务设计理念贯彻到底。

其四，最深刻的复杂就是回归简约。

在当代世界企业家里面，像乔布斯这样的人并不多见。在很大程度上，我们可以说，乔布斯自己就是一个伟大的艺术家。他亲自设计自家花园、厨房、楼梯和起居室，亲自设计早期苹果公司的产品制造厂，包括工厂墙壁的颜色、机器设备的摆放，甚至连出入口和前台都是他精心构思；他还亲自设计了风靡世界的苹果专卖店。

为了设计第一家苹果专卖店的示范店，乔布斯带领团队辛勤工作达半年时间。坐落于繁华的纽约第五大道上的著名苹果专卖店也是乔布斯的灵感创造，包括那令人印象深刻的大玻璃幕墙。乔布斯为苹果专卖店的构思和设计可谓是倾情付出：地板是他亲自选定的意大利佛罗伦萨附近著名的砂岩石，墙面颜色经过反复斟酌和体验，连收银台和客户接待空间都精心构思，反复设计。苹果专卖店里著名的"天才吧"（Genius Bar）就是乔布斯设计团队头脑风暴的结果，从此闻名于世。不仅如此，苹果公司每一款产品无不包含乔布斯的设计灵感，他对产品设计倾注了最多心血。当然，乔布斯担任皮克斯公司首席执行官期间创造的《玩具总动员》，正是艺术和科技完美结合所取得的伟大胜利，至今依然是所有电影艺术家和电影科技人员学习的楷模。而这种艺术和科技的完美结合，正是21世纪创新的灵感源泉之一，甚至是最重要的灵感源泉。

乔布斯对设计艺术尤其是工业设计艺术的理解深受包豪斯艺术理念的影响。1919年，德国现代主义建筑大师格罗皮乌斯在魏玛创办了一所工艺美术学院，他别出心裁地将德文Hausbau（房屋建筑）一词调转成Bauhaus（包豪斯）来作为校名，以显示学校与传统的学院式教育机构的区别。格罗皮乌斯是该校第一任校长，另一位德国现代主义建筑大师密斯·凡德罗是包豪斯第三任校长。1925年学校迁到德绍，1932年迁至柏林，同年遭纳粹法西斯查封而被迫解散。包豪斯从创立到遭遇封杀，仅仅存世14年，然而其理论与学说却对世界艺术潮流产生了极其广泛而深远的影响。

包豪斯艺术运动的演变相当复杂，其基本理念却一脉相承。其中有三个原则被普遍认为是包豪斯艺术运动的核心理念：

其一，艺术与技术必须实现新的高度统一。

其二，工业设计的目的是人，不是产品。

其三，设计必须遵循自然与客观的法则来进行。

乔布斯衷心拥抱包豪斯运动的基本理念，将它们发扬光大，创造了信息科技时代科技和艺术完美结合的新奇迹。童年时期，乔布斯就从养父那里感受到了工业设计的魅力。养父保罗·乔布斯是一位汽车迷和汽车工程高手，长期从事改装和修理汽车，养父经常向乔布斯描述各种时髦汽车背后的复杂设计。保罗·乔布斯坚持产品的每一个部件都要完美无缺，部件之间的配置和组合要天衣无缝，哪怕顾客从来不会关心或看不见那些部件。这个极端追求完美产品设计和构造的思想深刻影响了乔布斯的一生，成为他终生奉行不渝的金科玉律。

乔布斯和养父母从小居住的房屋是美国房地产商人约瑟夫·艾克勒（Joseph Eichler）开发设计的，设计理念源自美国建筑大师弗兰克·劳埃德·赖特。赖特倡导设计所有美国人都买得起、住得起的现代风格的简洁居所。艾克勒建造的房子拥有地板到天花板的宽大玻璃墙，一楼宽大敞亮，后梁延伸出去，房子有厚重的水泥地板，有许多移动式的玻璃门，构造简洁实用，造价便宜。乔布斯毕生欣赏艾克勒的建筑风格，他说："艾克勒了不起。他设计和建造的房子聪明、便宜、美好。他将清爽的设计和简洁的品位奉献给低收入人民。他的房子有一些极其美好的小设计，譬如辐射式的地暖供热。你铺上地毯，躺在地板上舒服极了。孩提时代我们就在舒适温暖的地板上玩耍嬉戏。"[1]

对建筑艺术的热爱和欣赏深深影响了乔布斯的工业设计，难怪他尊崇赖特为"非同凡想"的楷模。正是艾克勒的建筑风格激发了乔布斯的灵感，从此他内心深处涌动着无限激情，要为大众市场奉献设计风格精美而简洁的产品。乔布斯曾经和艾萨克森一起欣赏那些房子，乔布斯对艾萨克森说："我喜爱这样的想法，你的产品拥有伟大的设计和强大的功能，却一点儿也不贵。这正是苹果计算机的原创思想，这正是麦金塔计算机试图实现的理想，这正是我们设计 iPod（苹果多媒体数字播放器）所做的事情。"[2]

乔布斯从小生活成长于艾克勒建造的风格独特的房子里，他懂得那些房子为什么如此独特美妙。他由衷地热爱简洁、干净、现代风格的大众消

---

① Walter Isaacson. *Steve Jobs.* Simon & Schuster, 2011, p.7.

② Walter Isaacson. *Steve Jobs.* Simon & Schuster, 2011, p.7.

费产品，他汲取了养父对汽车设计的深刻见解。从开启苹果公司伟大传奇的第一天开始，乔布斯就坚信伟大的工业设计将使自己的公司与众不同，让自己的产品别具一格。第二代苹果计算机（Apple II）极富色彩却简洁明快的品牌标识，就是科技艺术家乔布斯的第一件杰作。

1981年，年仅26岁的乔布斯开始参加美国阿斯彭研究所主办的一年一度的国际设计会议，那个会议所宣传的设计哲学正是包豪斯的设计理念。阿斯彭研究所内部的建筑、家具、生活空间和无衬线字体排印等皆出自美国平面设计大师赫伯特·拜尔的手笔。赫伯特·拜尔是包豪斯艺术运动的代表人物之一，早年就学于包豪斯工艺美术学院，担任包豪斯平面和印刷设计工作室负责人，后来赴美，1946年，拜尔担任阿斯彭研究所的顾问和阿斯彭人文研究院的设计顾问和建筑师。拜尔在平面设计、建筑设计、展览设计和印刷设计等多方面具有过人的才华。拜尔的导师就是包豪斯运动的开创者瓦尔特·格罗皮乌斯和密斯·凡德罗。拜尔终生践行包豪斯最基本的设计哲学思想，即简单、简洁、实用。拜尔和他的导师们一样认为，应用工业设计与精美艺术品没有任何区别。包豪斯运动中诸位大师倡导的现代主义设计风格"国际范儿"的精髓就是设计应该简练简洁，同时还能够表达一种精神。他们倡导运用洗练的线条和形状以强调设计的理性和功能性。瓦尔特·格罗皮乌斯和密斯·凡德罗著名的设计格言是："上帝隐藏在细节之中""少就是多"。他们强调艺术美感必须与大规模生产结合起来，易言之，具有高度艺术美感的产品还要能够实现大规模生产。乔布斯苹果公司的所有产品设计都体现了包豪斯艺术运动的基本精神，从早期苹果计算机到后来的iPod、iPad和iPhone（苹果手机），都是精美艺术和大规模产业生产的完美结合。

乔布斯在1983年阿斯彭研究所的国际设计大会上，首次明确阐述了自己全心拥抱包豪斯的设计哲学。创办苹果公司初期，乔布斯曾经对日本著名高科技品牌索尼迷恋过一阵子。苹果公司搬出车库入驻的第一间办公楼里恰好有一家索尼公司的专卖店。乔布斯经常光顾，并仔细研究索尼产品的设计风格和品位。那时索尼已经是代表着当时工业设计潮流的国际著名品牌，产品设计风格独特，令人难以忘怀。

当乔布斯开始拥抱包豪斯艺术理念之后，他很快就抛弃了索尼产品的设计风格。1983 年，他大胆预测索尼设计风格将迅速退出历史舞台，取而代之的将是包豪斯简洁明快的设计风格："目前工业设计的潮流是索尼公司的高科技色调，就是金属灰色，或许再加点黑色，总之是奇怪的颜色组合。这种产品确实容易做，但不是伟大的产品。"①

乔布斯建议工业产品设计应该秉承包豪斯艺术哲学，更加注重产品的功能和天然属性。"我们肯定要制造高科技产品，我们将给产品以简洁清爽的包装，从包装上你就知道它是高科技产品。我们将产品放置到精巧的小包装盒里，我们的产品将是美妙的纯白色，就像德国著名品牌博朗（Braun）的电子产品一样。"②

众所周知，博朗是举世闻名的德国设计和制造的典范品牌。自 1921 年马克斯·博朗在法兰克福奠下基业，近百年来，博朗以精致的设计缔造出一个又一个经典，成为德国和全球工业设计的楷模。

博朗旗下十大类 200 多种产品涵盖男士剃须、女士脱毛、美发护发等，是全球闻名的小家电巨头。博朗产品曾经荣获 60 多项红点设计大奖，其设计风格以现代气息、简约、纯正和高品质著称。德国博朗的设计理念，集中体现在博朗设计大师迪特·拉姆斯所总结出的大名鼎鼎的"十句设计箴

---

① Walter Isaacson. *Steve Jobs*. Simon & Schuster, 2011, p.126.

② Walter Isaacson. *Steve Jobs*. Simon & Schuster, 2011, p.343.

言"中，它们影响着全球一代又一代的设计师。其设计宗旨始终如一，已成为独特的博朗设计理念，人们将其归纳为 8 个坚持：创新、品质、实用、美观、简洁、细节、经典、环保。苹果公司的所有产品都完全满足博朗设计的基本理念，难怪乔布斯将博朗作为自己的榜样。

乔布斯始终强调苹果产品必须清爽、干净、简单。"我们设计和生产的产品是醒目、纯粹、真诚的高科技产品，不是重工业产品的呆板印象——黑色、黑色、黑色，一黑到底，就像索尼的产品那样。这就是我们的方法，非常简单。我们努力向纽约现代艺术博物馆那样的质量水平迈进。我们运作公司，设计产品，构思广告，所做的一切都朝着这个目标前进。让我们力求简单，简单，再简单。"① 乔布斯认为："简单就是终极的复杂。"

乔布斯精神：创新者、创业者和企业家的终极偶像

2015 年 11 月 21 日，苹果现任首席执行官蒂姆·库克接受 CBS（哥伦比亚广播公司）电视新闻杂志栏目专访。蒂姆·库克如此赞赏乔布斯对苹果公司持久和永恒的影响力："我此前从未看到过任何与乔布斯相似的人。他已经成为一个传奇。乔布斯拥有不可思议和神秘可怕的能力，他对追求完美拥有持之以恒的动力。乔布斯的精神已经成为苹果的烙印。他与其他创始人完全不同。他有着神奇的预见能力，甚至在人们了解自己的需求之前，就能创造出他们想要的产品。苹果是乔布斯的公司，它现在依然是他的公司。这家公司就是这样诞生的，它依然坚持乔布斯的理念。乔布斯的精神将永远都是这家公司的 DNA。"

---

① Walter Isaacson. *Steve Jobs.* Simon & Schuster, 2011, p.126.

无论从哪个角度，乔布斯和他创立的苹果公司（应该还包括皮克斯公司）都是现代企业史上的伟大传奇。乔布斯创立的苹果公司开启了个人计算机时代，不仅如此，他还将计算机从笨重的机器转变为个性、时髦的消费品。iPhone 的性能比最早的麦金塔计算机的功能要强大 12000倍，其全球销量达到数十亿部。iPhone 开启了真正的智能手机时代；App Store（苹果应用商店）开创了一个新的产业，并为无数人创造了创业机会；iTunes（数字媒体播放应用程序）完全颠覆了传统音乐产业；iPad 是有史以来最畅销的时尚消费产品之一；苹果商店成为全球最繁华都市、最繁华街道上的时尚焦点，也是单位销量、收入和利润最高的消费产品专卖店之一。

　　对苹果公司 DNA 和苹果精神最好的说明当然是乔布斯自己的阐释。

　　在生命的最后岁月里，乔布斯对他自己的传奇人生有如下总结：

　　　　我对创建一家基业长青的公司永远充满激情，在那样的公司里，人们始终满怀憧憬去设计制造伟大的产品。除此以外的其他一切事情都是次要的。毫无疑问，获得利润非常重要，因为唯有获得利润，你才有条件去创造伟大的产品。然而真正的内在动力是产品，不是利润。苹果公司以前的首席执行官约翰·斯卡利就把优先次序完全颠倒了，他把苹果公司变成一个以赚钱为唯一目标的地方。看起来二者似乎只有微妙的差别，然而差之毫厘，谬以千里，所有事情都变得完全不同：你雇用什么样的人，谁将获得提拔，开会时讨论什么，等等，都变得完全不同。

　　　　有些人总是坚持这样的说法：给顾客提供他们想要的产品。然而这不是我做事的方法。我们的工作是在顾客自己还根本不知道他们想要什么之前，预先知道未来他们将需要什么产品。我记得福特曾经说过，如果我问顾客需要什么，他们只会告诉我：需要一辆更快的马车。在你把产品展示给顾客之前，他们压根儿不知道他们需要什么。我们的任务就是创造人们完全还没有想到的产品和服务。

　　……

　　像 IBM 或微软这样的公司为什么会衰败，我有自己的理论。这些公司先是做了非常伟大的事情，努力创新，成为某个领域的垄断者或接近垄断的地位，从此之后，产品质量就变得不是那么重要了。公司开始重视伟大的销售员，因为这些人能够增加公司的收入，他们不再重视产品设计师和制造产品的工程师。结果是销售人员开始掌控公司。IBM 的约翰·埃克斯是一位聪明绝顶、口才绝佳、无与伦比的销售天才，但他对产品一无所知。施乐公司遭遇同样的命运。当销售人员掌管公司之后，设计和制造产品的人员就变得无关紧要，很多优秀人才就流失了。当斯卡利执掌苹果公司的时候，情况就是如此，让斯卡利进入苹果公司当然是我的错。当鲍尔默掌控微软公司的时候，情况也是如此。苹果公司很幸运，它重新崛起。但我认为只要鲍尔默掌控微软公司一天，微软公司就不会发生任何变化。

　　……

　　我不承认我待人粗暴无礼。但是，如果什么事情被搞砸了，我就要面对面告诉负责任的人。我必须直言不讳，这是我的工作。我知道我在说什么，事实经常证明我是对的。这就是我想创造的文化。我们彼此之间必须坦诚到近乎残酷的程度，任何人都可以直截了当地告诉我，他们认为我的想法一文不值，我同样可以如此坦诚地告诉他们。我们经常激烈争吵到歇斯底里、大声咆哮的地步，实际上这正是我经历的最好的时光之一。我能够当着所有人的面直接告诉罗恩，"嗨，罗恩，你设计的这个店面看起来简直就是狗屎"，或者，我可以对工程负责人破口而出，"天啊，我们怎么会把这个产品的过程搞成这个乱糟糟的样子"。能够如此坦诚直率，我才觉得浑身舒服。既然你加入苹果公司，你就得接受我们的文化。你必须学会极度坦诚。或许有更好的办法，我们可以变成一个绅士俱乐部，大家一本正经，西装革履，操着富有教养的语言，相互藏着掖着，打着高深的哑谜，难以捉摸。然而我不懂这一套，因为我来自加利福尼亚的中产阶级家庭。

我有时确实对人非常严厉，或许我不需要那么苛刻。记得有一天我刚解雇了一个人，6 岁的儿子里德走进家门，我脑海里立刻就想到，如果刚才被我解雇的那个人回到家里，告诉家人和他年轻的儿子，他的工作丢了，那会是怎样的场景？肯定非常难堪和难过。但是，总得有人当恶人去做出艰难的决定。我下定决心，必须确保我的团队永远一流，这永远是我的职责，如果我不做，就没有人去做。

你必须永远激励自己去创新，始终坚持不懈。以伟大的音乐家迪伦为例，他本来可以永远演唱那些具有反叛精神的歌曲，还可能因此赚很多钱，但他没有这么做。他激励自己不能停滞不前，必须持续创新，当他 1965 年开始在音乐中融入浓厚的电子感，并以此为起点改变自己之后，许多人疏远了他。迪伦 1966 年的欧洲巡演是他最伟大的巡演。他本来可以继续沿着现成的风格演唱，发行原声吉他专辑，而且观众也会非常喜爱他。但他开始转向摇滚乐，并缔造了 The Band 乐队，他们都演奏电子乐器，观众时不时会向他们发出嘘声。一次，迪伦正准备演唱《像一块滚石》，观众中有人尖声呼喊:"你是叛徒。"迪伦立马告诉乐队:"给我把声音搞得震耳欲聋。"乐队立刻大声演奏起来。甲壳虫乐队也是这样。他们的音乐艺术永远在持续地演化、前进和升华,从未停息。这就是我自始至终希望做的事情——永远前进。否则,正如迪伦所说,如果你不忙于新生,就是忙于死亡。

究竟是什么在激励我这么做?我想,绝大多数富有创造性的人都希望对他们的前辈和同侪表达敬意和感激,所有富有创造性的人都是在前辈和同侪工作的基础上进行创造。我使用语言和数学,但我从来没有发明它们。我很少为自己制作和烹调食物,从来没有自己做过衣服。我所做的一切都必须凭借其他人的贡献,都是站在别人的肩膀上。因此,我们大多数人都希望做点儿事情来回馈人类,都希望为人类文明历史长河的滚滚洪流增添一点儿涓涓细流。我们做出一点儿贡献的唯一办法,只能是依照我们力所能及的方式去表达自己,因为我们不能像迪伦那样谱写和演唱歌曲,或者像汤姆·斯托帕德那样写作戏剧和演出。我们运用我们所有的才能,努力表达我们内心深处的深刻情感,向所有伟大前辈所做出的巨大贡献表达由衷的感谢和敬意,为人类文明长河增光添彩。这就是激励我永远前进的根本动机。①

这就是真正的乔布斯精神,真正的企业家精神,人类最宝贵的企业家精神!

---

① Walter Isaacson. *Steve Jobs.* Simon & Schuster, 2011, p.567–570.

第六章

独立精神和自由思想：嬉皮士运动和个人计算机的起源

蔑视集中式权威的反文化潮流为整个个人计算机革命奠定基础。嬉皮士文化所拥抱的社区主义以及自由主义的政治理念是现代数字革命的思想根源。我们那个时代的绝大多数人都将计算机看作集中控制的化身。然而，有那么一小撮人——他们后来被称为黑客——热情拥抱计算机，立志将计算机改造成为自由的工具。事实证明，这才是迈向未来的康庄大道。年轻一代的计算机程序员从容不迫地推动人类文明脱离了大型主机的集中控制。

　　　　　　　　　　——斯图尔特·布兰德，《全球概览》创办人乔布斯和苹果公司的故事生动地展示了创新和企业家精神的本质特征：矢志改造世界的理想主义和英雄主义精神；特立独行和始终致力于创造不同事物的个人品格；具有卡里斯玛效应的个人魅力和领导力；对人性和客户需求先知般的洞察力；科技和艺术的完美结合；开放、包容、多元，富有创造力和想象力的创新生态体系。

如果说乔布斯和苹果公司的辉煌历程完美地诠释了创新和企业家精神的内在特征，那么，个人计算机的起源和发展历史则令人惊叹地揭示了人类创新和创造力能够生生不息、奔腾激荡的最重要前提——独立精神和自由思想。

关于个人计算机的起源，你会相信如下事实吗？

个人计算机与美国的嬉皮士、摇滚乐文化有着直接的关系；个人计算机与 20 世纪 60 年代美国的新左派运动和反战示威活动有密切关系；个人计算机与美国传统的个人主义和社区自治意识有密切联系；个人计算机与美国捍卫个人自由、对抗权威政府的理念有密切关系；个人计算机甚至与美国小说家肯·克西的著名小说《飞越疯人院》有直接联系。

今天，个人计算机早已成为人人皆可拥有、人人都无法离开的工作和生活必需品。个人计算机和智能手机是数字信息时代的两个主要终端，是数字信息时代人类生活的基础产品。然而，很少有人知道，个人计算机的起源和发明，首先不是因为某项科技的突破，而是来自旧金山湾区的一种反传统文化潮流。准确地说，个人计算机的发明是科技、艺术和文化完美融合的结晶。面向未来，人文和科技的深入融合将是人类创新和创造的主要灵感之源。从这个意义上说，个人计算机的起源是我们研究人类创新机制或创新生态体系的首要案例。

肯·克西和《飞越疯人院》：从嬉皮士运动到拥抱技术工具

我们首先简要说说嬉皮士运动如何最终开启个人计算机时代。

肯·克西是美国嬉皮士运动的主要发起者之一。1958 年，克西来到旧金山湾区，成为斯坦福大学创造性写作研究生班的一员，同时到附近一家精神病院兼职上夜班。他还作为志愿者，参加了美国中央情报局资助的一系列迷幻药效果试验项目。创造性写作训练、为赚钱接受迷幻药注射、到精神病院兼职充当传令兵，三种新奇怪异的经历组合到一起，引爆了克西的创作灵感，小说《飞越疯人院》应运而生。

《飞越疯人院》被誉为美国 20 世纪 60 年代"垮掉的一代"的精神"圣经"，嬉皮士时代的催生者和见证者。《飞越疯人院》的著名宣言是：你可以选择服从，然后获得释放；也可以保持你的骨气，但一直被留在病房里。这就是疯癫与文明、奴役与自由的抉择。

《飞越疯人院》是有史以来最成功的小说之一，累计销量超过 1000 万册。根据该小说改编的同名电影获得第 48 届奥斯卡金像奖。《时代周刊》宣称此书"是向体面阶级社会的陈规以及支持这些陈规的那些看不见的统治者发出的愤怒抗议"。《纽约客》则说："此书预示了大学骚乱、反越战和反文化运动。"

《飞跃疯人院》大获成功之后，克西拿出小说所赚取的稿酬和从美国中央情报局顺手牵羊得来的迷幻药，创建了美国历史上第一个嬉皮士团体，取名"快乐浑蛋俱乐部"（Merry Prankster）。1964 年，他和俱乐部成员一道，租用一辆破旧校车周游美国。很快，克西的反传统文化活动就与美国当时日益高涨的反战和平示威运动融合到一起，创造出一种奇特的文化现象。他们所高喊的一些口号至今仍然令人印象深刻，譬如他们的一个著名口号是："要爱情，不要战争"（Make love not war）。

那么，嬉皮士和反战和平示威运动如何与个人计算机和数字信息革命扯上了关系呢？这个故事当然就是创新活动内在不确定性或不可知的经典案例了。

嬉皮士和反战示威人士绝非是一群蔑视权威和传统的乌合之众，他们有着自己深刻的社会理念和共识。初期，嬉皮士和反战示威人士的重要共识就是反对计算机。当时的计算机还是庞然大物。在嬉皮士和反战、反政府人士眼里，计算机那巨型而笨拙的机身、呼呼作响的磁带、闪烁不停的电光，构成了一幅令人恐惧和厌恶的图像。计算机成为一种蔑视个人自由的奥威尔式集权政府的可怕化身，成为美国公司、国防部和政府庞大权力结构的工具。当时美国社会学家刘易斯·芒福德出版了一部著作：《机器神话》，警告计算机的崛起"将把人贬低为被动的、漫无目的的、由机器掌控和玩弄的动物"！

然而，到20世纪70年代早期，在个人计算机的技术可能性日渐成熟之际，嬉皮士和反战人士对计算机的态度却出现了180度的大转变。计算机一下子从官僚机构集中控制的工具转变为个人自由表达和自我解放的工具，受到嬉皮士以及热爱和平人士的热烈拥抱。

当时，耶鲁大学著名教授查尔斯·赖克出版了《美国的青春化》（The Greening of America）一书，谴责美国僵化集权的公司结构和社会等级，呼吁创建新的社会结构以鼓励个人的自由意志、自我发展、自我实现，以及个人与个人之间的合作。赖克热情拥抱新的计算机器，不再把计算机器看作旧的权力结构的控制工具，而是促进新社会意识和社会结构发展变化的有力武器。机器将服务于个人目的，个人将重新成为创造性力量，重新创造自己的生活，重新开辟个人生活的新境界和新领域。机器将协助每个人最大限度地发挥自身原本具有的创造性。

随之，一种新的技术"簇群"文化应运而生。人们争相阅读诺伯特·维纳（Norbert Wiener，控制论奠基人）、巴克敏斯特·富勒（Buckminster Fuller，美国著名的哲学家、建筑师、发明家、设计师、未来学家和系统思维理论家，曾经荣获 55 个荣誉博士学位，被誉为与爱迪生和爱因斯坦齐名的对人类做出杰出贡献的人）、马歇尔·麦克卢汉（Marshall McLuhan，新媒体学说的开拓者）等人的著作。人和机器和谐相处、共生共长成为技术簇群文化的基本理念。

从恐惧和抵制计算机到热烈拥抱计算机，欢呼人和机器和谐共处、共生共长，嬉皮士运动为个人计算机的诞生营造了社会文化心理氛围。

斯图尔特·布兰德：反文化潮流和技术创新完美结合的化身

如果说克西是嬉皮士文化的首创者，那么斯图尔特·布兰德则是反文化潮流和技术创新完美结合的化身。斯图尔特·布兰德以著名科技杂志《全球概览》的创办者享誉全球科技界，被许多科技界的顶级人物誉为信息科技时代的先知或启蒙者，地位类似于 18 世纪法国启蒙运动的先知、《百科全书》编纂者德尼·狄德罗（狄德罗主持编写的《百科全书》，宣扬科学和理性，成为启蒙运动的重要力量）。许多年轻人正是因为深受《全球概览》的影响才成为信息科技时代的领军人物，其中就包括苹果公司的两位创始人——乔布斯和沃兹尼亚克。从这个意义上说，布兰德堪称个人计算机的"精神之父"。

与克西一样，布兰德也是斯坦福大学毕业生，所学专业为生物学。布兰德参过军，学过摄影，酷爱社交，混迹于众多社团组织，积极拥抱任何新奇的思想和玩意儿。他似乎天生就是新时代——那个表现艺术和新奇科技相互交融的新时代——的宠儿，所以他自然而然就成为新奇技术和个人创造性浪潮前沿的弄潮儿，成为克西嬉皮士俱乐部的常客。

布兰德擅长组织各种稀奇古怪的社会活动，将各种各样的人物汇聚到一起，诸如摇滚歌星和科技怪杰。他还经常邀请一些具有超越时代新思维的思想先知来发表演讲。布兰德为他组织的各种活动撰写了不少极具哲理和启发性的短篇文章，倡导将"神秘主义的异教理念和科技结合起来，作为个人内省和沟通的基础"。布兰德在他组织和参与的各种圈子里宣扬一种基于科技的精神修炼术。科技是人们个性表达的工具，不仅能够极大地拓宽个人创造性的边界，而且是个人反叛精神和反叛行为的有力工具。

1972 年，布兰德参观了斯坦福大学的人工智能实验室，兴奋之余，他为《滚石》杂志写了一篇文章，他说："叛逆文化和数字文化结合起来，就是数字革命的秘诀。创造和设计计算机科学的怪杰必将把权力从财大气粗和权势熏天的机构手里夺回来。不管你是否准备好了，计算机都将来到普通人民手上。这是真正的大好消息，可能是自从迷幻药发明以来最好的消息。"布兰德甚至认为科技的进步将帮助人类实现乌托邦的梦想。"乌托邦的伟大愿景与我们时代科技先知的奇思妙想简直就是不谋而合。维纳、利克莱德、冯·诺依曼、万尼瓦尔·布什就是我们时代伟大的科技先知。"[①]

20 世纪 60 年代，美国社会反叛文化的一个标志性口号是"将权力归还人民"。新左派政治激进分子曾经热烈拥护这个口号，却找不到具体可行的办法来实现这个梦想。然而个人计算机的出现却为强化个人独立和个人权力创造了真正的实现机会。布兰德正是这个潮流转变的关键人物。他后

---

① Walter Isaacson, *The Innovators: How A Group of Hackers, Geniuses, and Geeks Created the Digital Revolution.* Simon & Schuster, 2014, p.269.

来说：“计算机对改造社会所做的贡献比政治要大得多。”

1966 年 1 月，克西和布兰德在旧金山联手组织了 20 世纪 60 年代美国最具影响力和创造性的文化和科技活动——迷幻之旅音乐节（Trips Festival），布兰德是这个活动的发起者和操办人。他和克西一起，将那个时代的反叛文化和数字文化的各种元素以令人目眩的科技形态展现给世人，包括前所未有的高科技灯光表演、图像投影、摇滚和爵士音乐演唱会、地道的美国本土舞蹈、各种新科技玩意儿的展示等。参与表演的人来自与克西和布兰德一道衷心拥护反叛文化和新科技文明的嬉皮士团体、乐团和科技公司。布兰德和克西刻意将那些看起来毫不相关甚至极不和谐的东西组合到一起，如摇滚和高科技，以达到令人头晕目眩和极度震撼的效果。

然而，就其最终效果而言，布兰德和克西策划的这个活动确实从多个侧面展示了个人计算机时代的本质特征：变幻莫测的前沿科技、蔑视权威的反叛文化、敢想敢干的企业家精神、新奇实用的产品及发明、激动人心的前卫音乐、超乎想象的现代艺术、不断超越的工程技术。这些力量融会到一起，形成波澜壮阔的时代潮流，席卷了从旧金山市区嬉皮士大本营到信息科技心脏硅谷的广大地区，并且逐渐波及整个世界，诞生了以布兰德、乔布斯、拉里·佩奇、谢尔盖·布林、扎克伯格等为代表的各类创业家、企业家和投资家，创造了以英特尔、苹果、谷歌、脸书等为代表的世界级科技企业。历史学家弗雷德·特纳写道：“1966 年 1 月的迷幻之旅音乐节标志着布兰德的崛起，他从一个嬉皮士转变为具有反叛文化基因的企业家，一个深信技术统领一切的企业家。”[1]

布兰德对个人计算机和信息科技时代最重要的贡献还是他编辑的那本

---

[1] Walter Isaacson, *The Innovators: How A Group of Hackers, Geniuses, and Geeks Created the Digital Revolution.* Simon & Schuster, 2014, p.270.

杂志《全球概览》。这本杂志深刻影响了个人计算机和互联网时代的众多开拓者。硅谷很多顶级企业家认为，这本杂志改变了世界。

在《全球概览》的前言中，布兰德指出，权力一直掌握在"政府、大企业、正规教育、教堂"手中，但如今，"个人权力正在上升，个人将有能力进行自我教育，寻找自己的灵感，改变自己的环境，与任何感兴趣的人分享自己的冒险。《全球概览》将寻找与推广有助于此进程的工具。"[1]

著名信息科技杂志《连线》创始人、《失控》的作者凯文·凯利曾经说，他第一次看到《全球概览》时，自己还在读高中，这本杂志改变了他的生活，也改变了每个人的生活。它对凯文·凯利的启示是，不要去上大学，去过自己的生活。《全球概览》还被称为"获得工具"，它给予人们工具去创造自己的教育、自己的生意、自己的生活。

2005 年，乔布斯在斯坦福大学的毕业典礼上发表演讲。在演讲里，他称赞《全球概览》是"我那一代人的《圣经》之一"。

乔布斯说："那是一个叫作斯图尔特·布兰德的家伙编写的，他来自门罗公园，距离斯坦福大学不远。他以诗意的笔触编写刊物。那是 60 年代晚期，个人计算机和桌面出版尚未出现，因此它是由打字机、剪刀和宝丽来相机做出来的。它有点类似纸张形式的谷歌，但比谷歌的诞生早了 35 年：它满怀理想主义，写满了好用的工具和伟大的观点。[2]

"斯图尔特和他的团队连续出版了好几期《全球概览》，然后，他们出版了最后一期，决定停刊了。那是 70 年代中期，我处在你们的年岁。最后一期的封底是一张早晨乡间道路的照片，那是你在有意冒险时想要步

---

① Walter Isaacson, *The Innovators: How A Group of Hackers, Geniuses, and Geeks Created the Digital Revolution.* Simon & Schuster, 2014, p.272.

② 摘自 2005 年乔布斯在斯坦福大学的演讲，可查阅斯坦福大学网站。

行走过的道路。下面有一行字：求知若渴，虚心若愚（Stay Hungry，Stay Foolish）。那是他们停刊时的告别辞。Stay Hungry，Stay Foolish。我经常如此期望自己。"①

布兰德《全球概览》的核心理念就是倡导和鼓励每个人"获得工具去创造自己的教育、自己的生意、自己的生活"。正是在这个精神理念的感召下，沃兹尼亚克、乔布斯和其他计算机器爱好者共同努力，个人计算机应运而生。

1995 年，布兰德给《时代周刊》撰文，题目为《我们将所有一切归功于嬉皮士》，明确将个人计算机的诞生归功于嬉皮士运动。文章写道："蔑视集中式权威的反文化潮流为整个个人计算机革命奠定基础。嬉皮士文化所拥抱的社区主义以及自由主义的政治理念是现代数字革命的思想根源。我们那个时代的绝大多数人都将计算机看作集中控制的化身。然而，有那么一小撮人——他们后来被称为黑客——热情拥抱计算机，立志将计算机改造成为自由的工具。事实证明，这才是迈向未来的康庄大道。年轻一代的计算机程序员从容不迫地推动人类文明脱离了大型主机的集中控制。"②

个人计算机时代的先知：万尼瓦尔·布什和恩格尔巴特

每一次人类科技革命和工业革命，都会涌现出许许多多奇特的天才和英雄人物，成为时代的弄潮儿和领军者。他们超越时代的思想、新奇独特的创意、持续不断的创新、坚韧不拔的意志、卡里斯玛式的领导力

---

① Walter Isaacson. *Steve Jobs*. Simon & Schuster, 2011, p.59.

② Walter Isaacson. *Steve Jobs*. Simon & Schuster, 2011, p.59.

以及魔术般的个人魅力，催生和引领着每一次科技革命和工业革命向前迈进。

究竟是英雄创造历史还是历史创造英雄，千百年来始终是历史学家争论的话题。我认同英雄创造历史之说，因为真正的英雄正是改变历史的人，而历史是英雄辈出的背景。文学家茨威格有一部名著《人类的群星闪耀时》，实际上就是描写英雄如何改变或创造了人类历史。

科技革命和工业革命同样如此。第一次工业革命时期，人类出现了瓦特、莱文斯顿等伟大发明家和企业家；第二次工业革命时期，人类出现了爱迪生、特斯拉、福特、安德鲁·卡内基、本茨、西门子等伟大发明家和企业家；第三次工业革命或信息科技革命时期，人类创新的天空可谓是英雄辈出，群星闪耀，各领风骚。

我们研究创新，实际上就是要研究这些人物的思想和行动，研究他们的个性和本质。

任何时代的来临，首先需要超越时代的思想作为引领。互联网和个人计算机时代同样源自超越时代的革命性思想。

早在 1945 年，麻省理工学院的全能型科学天才万尼瓦尔·布什就系统性地预见了个人计算机的功能。布什在 1945 年 7 月号的《大西洋》季刊上发表了经典文章《诚如所思》（As We May Think），详细预言了一种个人机器的可能性。布什设想这种个人机器能够存储和提取个人文档、图片和其他信息，他将设想的机器命名为"麦麦克斯"（Memex）：

设想一种未来供个人使用的机器，它将是一种机械化的个人档案管理工具和图书馆。Memex 就是这样一种机器，每个人都可以将他所拥有的全部图书、文档记录和通信全部存储到机器里。这个机器是机械自动式的，能够以极高的速度和灵活性来回答和处理个人提出的各种问题。这个机器是每个人记忆能力的亲密无间的助手。[①]

布什设想的机器具有一个直接输入功能，譬如拥有一个键盘，你能够将信息和文档记录直接输入到机器的记忆或内存里。布什甚至还预见到超级文本链接、文档共享以及人们合作完成各种项目的方式，等等。

令人吃惊的是，布什竟然预见到了后来风靡全球的维基百科全书："一种全新的百科全书将会涌现出来，各种纵横交错、相互连接和合作的渠道构成一张巨大的网络，百科全书就从这个合作的网络中应运而生。每个人都可以将百科全书下载到自己的 Memex 机器里，然后再进行补充和扩大。"[②]真是奇特！半个多世纪之前，麻省理工学院科学家布什几乎完全准确预见了后来的维基百科全书或其他各种各样的网络知识合作工程。

布什的开创性思想和预见性文章有着深刻的历史背景。长久以来，人类对机器或对科技的看法就分成截然相反或者相互争论质疑的各种流派。

乐观派相信机器能够将人类从艰苦、危险和枯燥的工作里解放出来，是人类的福音；悲观派则认为机器不仅会夺走无数人的饭碗，而且必将凌驾和控制人类。

乔治·奥威尔 1949 年出版的著名小说《1984》就预言一种极端恐怖的极权主义社会，机器则是极权社会的控制工具。直到 20 世纪 60 年代末期，西方社会许多人士依然对机器或科技的进步抱有深刻的怀疑和极大的恐惧。

---

① Walter Isaacson, *The Innovators: How A Group of Hackers, Geniuses, and Geeks Created the Digital Revolution.* Simon & Schuster, 2014, p.263.

② Walter Isaacson, *The Innovators: How A Group of Hackers, Geniuses, and Geeks Created the Digital Revolution.* Simon & Schuster, 2014, p.264.

万尼瓦尔·布什的《诚如所思》则代表着一种深刻的乐观主义。机器不仅不会成为人类的威胁和敌人，反而会成为人类的朋友、助手和福音。《诚如所思》还代表着人与机器关系的一种新学说，即人和机器能够或必将成为共生共长的生态系统，人和机器能够相互辅助和提升。

与此相反的另外一派是人工智能学派，即人类终究能够制造出比自己还要聪明和智慧的机器，机器将能够超越人本身。1997 年，IBM 的"深蓝"计算机完胜国际象棋大师卡斯帕罗夫；2016 年，谷歌深度思维公司（DeepMind）的阿尔法围棋（AlphaGo）先后战胜韩国围棋大师李世石和中国围棋天才柯洁，引发全球关于人工智能的热烈讨论和深度思考。许多人相信人工智能机器终究超越人类，许多人甚至因此产生某种恐慌情绪。

万尼瓦尔·布什的思想则与人工智能的思想有内在和本质的区别。布什所倡导的基本思想是人和机器是共生体，万尼瓦尔·布什的这一思想对个人计算机和互联网的发展产生了极其深远的影响。《诚如所思》发表之后，美国著名杂志《生活》很快就以图文并茂的方式全文转载，许多人正是阅读布什的这篇文章后才全身心地投入个人计算机的研发和创造。其中一个重要的关键人物就是道格拉斯·恩格尔巴特。

道格拉斯·恩格尔巴特：增强智能思想的开创者

个人计算机和互联网时代的另一位思想家，就是首次提出并系统阐释"增强智能"（augmented intelligence）思想的道格拉斯·恩格尔巴特。恩格尔巴特的增强智能思想的灵感之源，就是万尼瓦尔·布什的《诚如所思》。

与互联网和个人计算机时代的许多开拓者一样，恩格尔巴特出生于一个电力工程师家庭。祖父是水电厂工程师，父亲是电器工程师，拥有自己的无线电修理店。家学渊源使恩格尔巴特从小就对电子学和各种电器深深着迷。高中时期他就凭借惊人的努力赢得参与美国海军雷达训练班的机会，这一经历大大加深了恩格尔巴特对电子科技无穷威力和无限潜能的理解。雷达训练班结束之后，恩格尔巴特应征入伍正式加入美国海军。

整个军旅生活期间，只要有可能，恩格尔巴特就一头扎进当地一家红十字会图书馆，埋头研究电子学。正是在那个图书馆里，恩格尔巴特从美国《生活》杂志上第一次读到布什的著名论文《诚如所思》。《生活》杂志的转载版本图文并茂，引人入胜，恩格尔巴特立刻就被布什的宏伟构想和深刻思考震撼。"制造出一种个人机器，以人机互动的方式协助人类思考和工作，我为这种精彩的构想激动不已。"[1] 恩格尔巴特如此回忆布什文章对他的巨大影响。

海军服役结束之后，恩格尔巴特回到俄勒冈州攻读工程学位，随即加入位于硅谷的阿姆斯研究中心（美国航空航天局的前身）。尽管拥有电子工程的家学渊源、海军雷达训练班和海外服役的经历以及工程学方面的学位，年轻的恩格尔巴特却一度对人生目标感到迷惑不解。他曾经长达数月不断思考自己的人生目标，并试图找到一个能够帮助改进人类社会的人生目标。"我想到了所有伟大的社会改革运动，思考自己如何能够加入，如何重新训练自己，以便能够参加伟大的社会改革运动。"[2] 恩格尔巴特回忆说。

说来奇怪，正是这种对人生目标的宏观又颇为怪异的思考，引导恩格

---

[1] Walter Isaacson, *The Innovators: How A Group of Hackers, Geniuses, and Geeks Created the Digital Revolution.* Simon & Schuster, 2014, p.273.

[2] Walter Isaacson, *The Innovators: How A Group of Hackers, Geniuses, and Geeks Created the Digital Revolution.* Simon & Schuster, 2014, p.273–274.

尔巴特最终成为开创个人计算机时代的先驱。当恩格尔巴特思考那些能够改变人类的伟大社会运动之时，他突然意识到，任何改变世界的努力都是异常复杂的。譬如消除疟疾或在地球贫困地区增加农产品产量，每一项工程都会导致一系列异常复杂和难以预见的结果，比如，消除疟疾会导致人口过快增长，增加农作物产量会导致土壤退化。

恩格尔巴特因此获得一个深刻洞见：想要成功运作任何一项野心勃勃的工程，必须仔细和详细评估它所产生的一切可能的结果或影响，衡量所有可能性，分享信息，动员和组织民众。

"突然有一天我恍然大悟——脑子里好像轰隆一声——我意识到唯有复杂性才是最根源和最基础的事情。如果你能够以某种方式极大地帮助人们处理复杂性和紧迫性，那么这对所有人类都将是巨大帮助。"[①]恩格尔巴特后来说。

他立即对自己的人生目标有了异常清晰的认知。要想协助人类处理复杂性和紧迫性，就不能仅仅专注解决某个具体问题，而是必须给人们创造出一种工具，人们利用这种工具能够解决任何问题。恩格尔巴特的"悟道"非常有趣，也非常深刻，他希望从根源帮助人类提升处理复杂性和紧迫性的能力。

伟大的科学家、技术专家、艺术家和思想家的"悟道"与宗教导师的"悟道"，本质上没有什么不同。他们都必须从人生和人性的根源找到"觉悟"的源头活水。恩格尔巴特的"觉醒"和布兰德的"觉醒"有异曲同工之妙，他们对技术的本质及其与人类的关系有着深刻的领悟和透彻的认识。他们并非为了某个具体的商业目的去构想、设计和制造某种机器，而是从

---

① Walter Isaacson, *The Innovators: How A Group of Hackers, Geniuses, and Geeks Created the Digital Revolution.* Simon & Schuster, 2014, p.274.

个性解放和人类智能提升的高超视野和崭新角度来理解技术的本质，这与一般企业家和工程师对技术的认知有天壤之别。

将复杂性概括为人类行为和所有人类事务面临的根本性难题，从解决复杂性的角度帮助提升人类的智能，恩格尔巴特的这个"觉醒"非同小可，甚至对于我们思考人类其他问题（譬如政治、经济和社会问题）都有重要启迪。

恩格尔巴特相信，沿着布什《诚如所思》所揭示的方向前进，就是帮助人类解决复杂性的最佳办法。布什的文章和海军雷达训练班的技术训练，让恩格尔巴特的脑海里立刻浮现出未来机器的模样。他后来回忆说："仅仅用了一个小时，我脑海里就涌现出一幅清晰的图像：我坐在一个大屏幕前面，上面闪烁着各种符号，你可以驱动它，在上面运行所有事情。"[1]

从那一天起，他决心找到一个办法，让民众能够真正将自己的所思所想所做通过计算机展示出来，并且和其他人的所思所想所做连接起来，这样他们就能够相互协作完成重大而复杂的项目。

恩格尔巴特所构想的新机器和新工作方式，正是今天几乎人人都可以做和每天都在做的事情——通过互联网和个人计算机实现的互动式协作。

然而，让我们想想吧，那是 1950 年的事情，离比尔·盖茨和乔布斯出世还有 5 年之久，离世界上第一台真正意义上的计算机诞生才刚刚 4 年。普通公众压根儿还不知道计算机是何方神圣，更没有人想到未来人人都可以使用个人计算机终端来操作、存储和分享信息，然而恩格尔巴特却几乎完全准确地预见了互联网和个人计算机时代的协作工作方式。

沿着布什的超越思想路线，恩格尔巴特将自己构想的未来机器及其与

---

[1]　Walter Isaacson, *The Innovators: How A Group of Hackers, Geniuses, and Geeks Created the Digital Revolution.* Simon & Schuster, 2014, p.274.

人类协作的工作方式概括为"增强智能"。为了实现增强智能的梦想，恩格尔巴特到加州伯克利大学计算机系刻苦攻读，花 5 年时间拿到了计算机专业的博士学位。对于一个多年海军服役、年龄 25 岁的退伍军人来说，这是需要巨大勇气和魄力的。

他攻读计算机博士学位只有一个目的，那就是实现自己的增强智能梦想。然而，在朋友和其他人眼中，恩格尔巴特就好像一个星外来客，很难得到"地球人"的理解和支持。博士毕业之后两年，恩格尔巴特才从斯坦福国际研究院（Stanford Research Insttute，SRI）那里找到一份工作——研究磁存储系统。

斯坦福国际研究院是斯坦福大学 1946 年创办的非营利性独立研究机构，当时研究所最热门的研究课题正是"人工智能"。人工智能的基本思想与"布什—恩格尔巴特—利克莱德"的"增强智能"思想有本质上的不同，它们代表着二战之后美国（也是全世界）人类技术发展思想的两大主要流派。20 世纪 50 年代，斯坦福国际研究院人工智能研究项目的主要目标，是研发出能够模拟人类大脑神经网络的机器或系统。显然，恩格尔巴特的增强智能思想和斯坦福国际研究院的人工智能思想格格不入。他在斯坦福国际研究院郁郁寡欢，一心沉迷于自己的增强智能构想。他早已决定了自己的人生理想和使命，就是要制造出布什所构想的 Memex 机器——能够和人亲密无间地合作，帮助人类收集和组织信息。

恩格尔巴特如此强烈的增强智能梦想和激情，除了深受布什经典论文的影响之外，主要是他对人脑有着无限的尊敬。他认为大脑才是天地间真正"天才的发明"！所以他坚信正确的道路不是设计制造一种机器来取代大脑，而是让这种机器能够与大脑本身固有的"良知良能"一起互动和增强。

在斯坦福国际研究院工作期间，恩格尔巴特反复构思和完善自己的增强智能思想，数易其稿，完成了长达 45 页的长篇论文《提升人类智能》（Augmenting Human Intelligence），并于 1962 年 10 月发表。

他首先解释自己为什么不希望以人工智能来取代人类自身的思想。他认为，人的心灵本来具有的直觉能力应该与机器处理信息的能力结合起来，从而创造出"一个无缝整合的新智能领域。在这个新的智能领域里，人的直觉、试错、无形无相的思辨能力，以及人类所特有的对情景的感触和反应，能够很有效地同电子机器助手共生共存。电子机器助手则拥有强大的概念分析能力、协调一致的术语和符号、复杂精致的计算方法，以及异常强大的计算功能"[1]。恩格尔巴特不厌其烦地使用大量例子，以说明人机共生如何协同工作，譬如，建筑师如何利用计算机辅助设计建筑物，专业人士如何利用计算机辅助完成图文并茂的专业报告，等等。

于今观之，恩格尔巴特的《提升人类智能》、布什的《诚如所思》和利克莱德的《人机共生》（Man-Computer Symbiosis）乃是二战之后信息科技时代最具影响力的三篇论文。布什的文章发表于 1945 年，为所有此类思想的先驱；利克莱德的文章发表于 1960 年；恩格尔巴特的文章发表于 1962 年。

利克莱德文章的主旨是："我的美好希望是，用不了多少年，人脑和计算机器就能够非常紧密地结合起来，形成人脑和计算机的合作伙伴关系。这种人脑—计算机器构成的合作伙伴，其思考方式将不同于以往人脑所经历过的一切思考方式，其处理数据的方式也是迄今为止一切信息处理机器

---

[1]　Walter Isaacson, *The Innovators: How A Group of Hackers, Geniuses, and Geeks Created the Digital Revolution.* Simon & Schuster, 2014, p.275.

从来没有尝试过的。"① 布什、利克莱德和恩格尔巴特的思想非常相似，他们共同奠定了今天数字信息时代的理论基石，开辟了数字信息时代的基本理念。

布什、利克莱德和恩格尔巴特的人机共生或增强智能思想与诺伯特·维纳的控制论思想非常接近。维纳的控制论也是基于人和机器的通力合作。

人机共生的基本思想与人工智能的基本思想有本质的不同。人工智能的基本思想由布什和维纳的麻省理工学院同事马文·明斯基（Marvin Minsky）和约翰·麦卡锡共同提出。人工智能致力于创造出能够自我学习的机器以取代人本身的认知功能。布什、利克莱德和恩格尔巴特并不赞同明斯基和麦卡锡的人工智能思想。

正如利克莱德所说："一个合乎情理的目标乃是创造一个环境，在这个环境里，人和机器能够合作做出决策。易言之，人和机器相互增强。人制定目标、确定假设、决定标准、实施评估，计算机器则负责完成日常例行的计算和信息处理工作，从而为技术和科学思想过程里的决策和洞见铺平道路。"②

恩格尔巴特将布什和利克莱德的思想进一步细化和深化，提出了人和机器实时交互运行的具体方案，包括图像界面、指针、输入设备等。恩格尔巴特构想的人机互动模式并不局限于数学运算。"举凡一切使用符号概念进行思考的人都将因此受益无穷。无论他使用英语、象形文字、形式逻辑

---

① Walter Isaacson, *The Innovators: How A Group of Hackers, Geniuses, and Geeks Created the Digital Revolution.* Simon & Schuster, 2014, p.226.

② Walter Isaacson, *The Innovators: How A Group of Hackers, Geniuses, and Geeks Created the Digital Revolution.* Simon & Schuster, 2014, p.226.

还是数学符号。"① 恩格尔巴特如此描述他的增强智能系统。

正所谓英雄所见略同。当恩格尔巴特的文章发表之时，利克莱德恰好到美国国防部高级研究计划署（DARPA）的信息处理技术办公室担任主任，有权力将联邦政府资金资助给那些前景看好的项目。恩格尔巴特就拿着自己的报告和具体技术方案去找利克莱德寻求资助，果然如其所愿地获得了联邦政府的资金支持。与此同时，担任美国航空航天局项目主管的罗伯特·泰勒（1932—2017）也提供给恩格尔巴特一笔资金。

有钱在手，恩格尔巴特很快就在斯坦福国际研究院成立了增强智能研究中心。随即，恩格尔巴特和他的团队就创造出个人计算机时代三个具有里程碑意义的成就。其一是鼠标的发明；其二是发明了一个完整的增强智能系统（NLS，Online System 的缩写）；其三是 1968 年 12 月与布兰德合作，成功举办 NLS 系统的盛大展示会，以最炫目的方式展示了个人计算机和人机共生的光明前景，正式拉开了个人计算机时代的序幕。人们称赞 1968 年 NLS 展示会为"展示之母"（The Mother of All Demos）。

创造力的"核聚变"：集体创造和创新奇迹

尽管我们已经认识了嬉皮士运动的开路先锋克西，个人计算机时代的思想家布什、恩格尔巴特和布兰德，个人计算机的实际创造者沃兹尼亚克和乔布斯，却依然要问一个基本问题：是谁创造了个人计算机？是谁开启了个人计算机时代？

正确答案只能是：开启个人计算机时代的是许许多多奇特的英雄和天

---

① Walter Isaacson, *The Innovators: How A Group of Hackers, Geniuses, and Geeks Created the Digital Revolution*. Simon & Schuster, 2014, p.276.

才，他们之中有嬉皮士、小说家、音乐家、艺术家、科学家、工程师、设计师、政治活动和社区运动领导者。他们性格各异，与众不同。有些人雄心勃勃，有些人谦虚低调；有些人激情奔放，有些人多愁善感；有些人沉默寡言，有些人雄辩滔滔；有些人希望借助个人计算机发财致富，有些人希望借助个人计算机改造社会；有些人欢呼个人计算机为个性自由的新工具和新福音，有些人则仅仅将个人计算机当作一个普通的辅助工具。

创造个人计算机的英雄人物里面，有像乔布斯那样的理想主义者和完美主义者，有像盖茨那样的天生软件奇才和商业策略大师，有像沃兹尼亚克那样天真无邪的电子工程师，有像道格拉斯·恩格尔巴特那样的梦想家和科技预言家，有像斯图尔特·布兰德那样的时代思想启蒙者，也有像艾伦·凯那样矢志将思想付诸实践的实干家。正是这些数之不尽、各具风采的天才、奇才、怪才、鬼才，一起开创了人类的个人计算机时代和数字信息时代。

然而，是什么样的环境造就这些天才、奇才、怪才和鬼才？又是什么样的制度和机制将这些天才、奇才、怪才和鬼才聚合到一起，从而引爆了个人计算机时代创新和创造的"核聚变"？

首先是不同文化之间的和谐相处和相互刺激。旧金山湾区为什么会诞生嬉皮士、反传统、反战争、反权威、反权力等五花八门的反文化运动？根源是旧金山湾区原本就是一个多元文化并存、共生共长、相互刺激、相互碰撞却又能够相互和平共处的地方。相互刺激、相互碰撞的多元文化形成一个自我生长、自我创新的文化生态系统，这个文化生态系统能够包容一切、孕育一切、鼓励一切、创造一切。

摇滚乐、科学思想、科技发明、工程设计、艺术创作、发财致富和改造社会甚至改造人类，所有人类可以想到的新鲜玩意儿，都可以在旧金山湾区找到新的灵感、新的出口、新的平台，这难道不是一种异常奇特的文化现象吗?

归根结底，一切科学思想、科技发明和企业创新都是一种文化现象，都有深刻的文化根源。由此我们可以得到一个最基本、最深刻的结论，那就是创新绝不仅仅是科技创新那么简单，也不是依靠鼓励科学家多搞科研活动就能够促进创新。创新的内涵远比科技创新要丰富得多。没有一个适合各类天才、奇才、怪才和鬼才生长发育的文化环境和氛围，就不可能出现持续的创新。

多元文化并非是多个文化传统简单地聚合到一起，而是意味着开放、包容、共生共长、相互启发。如果某种文化或思想成为独断或垄断，反过来肆意压制甚至消灭其他文化、思想，那么多元文化的生态环境就不可能形成，创新和创造的文化生态体系就将完全枯竭或死亡，创新和创造的生机就将完全断绝。

个人计算机时代所揭示的另外一个基本真理是，创新是一个生态体系，是一个复杂的产业链。

一项真正伟大的创新，譬如互联网和个人计算机的发明，需要科学家的原创科学思想，需要思想家的预言和启蒙，需要技术专家将科学家的原创思想转化为可以实际运用的技术，需要工业或产品设计师设计原创性的产品模型，需要工程师运用工程技术将设计师的精彩构想变成真正的产品。此外，还需要卓越的市场推销人员将原创产品推销给普通消费者。

最后也是最重要的，一项伟大创新的完成，需要一个领袖人物将上述所有环节和人物组织起来，构建一个高效的团队，激励和推动每个环节的所有人员朝着一个目标矢志前行。这样的领袖人物就是企业家。企业家居于所有创新活动的中心，他们是一群具有卡里斯玛式人格魅力的人物，他们一定具有高度自信、满怀梦想、矢志不渝、不达目的决不罢休的品质。所以熊彼特将企业家置于人类经济增长伟大活剧舞台的中央，企业家是实现创新和创造性毁灭的核心人物和关键人物。

肖克利、巴丁和布拉顿是伟大的发明家，他们运用 20 世纪初期伟大的物理学成就——量子力学——创造了 20 世纪人类最伟大的发明之一。晶体管的发明为整个信息科技时代奠定了基础。然而，众所周知，肖克利试图将自己的伟大发明转化为商业奇迹的努力一败涂地。事实证明，一个荣获诺贝尔奖的物理学天才不是一个合格的创业者和管理者，甚至是一个糟糕透顶的创业者和管理者。

肖克利、巴丁和布拉顿的伟大发明要经过戈登·摩尔、罗伯特·诺伊斯、安迪·格鲁夫（"英特尔三杰"）的伟大创业实践，才真正成为信息科技时代的发动机。摩尔、诺伊斯、格鲁夫性格迥异却各具天赋，"英特尔三杰"或许是信息科技革命历史上最神奇、最伟大的"桃园三结义"。摩尔是科技预言家，他以发明主导信息科技时代脉搏的摩尔定律闻名世界；诺伊斯是一个天生具有卡里斯玛式魅力的领袖人物，他开创了硅谷和整个人类信息科技时代的全新企业文化；格鲁夫则是一个管理天才（他本人的学历背景是化学工程师），他将诺伊斯的伟大愿景和摩尔的科技定律贯彻到极致，从而成就了信息科技时代最伟大的企业之一（许多人愿意将英特尔称为信息科技时代最伟大的企业，没有之一）。

如果没有乔布斯的远见卓识、理想主义和完美主义激情的刺激和鼓励，沃兹尼亚克可能永远只是一个业余电子器件爱好者。

斯坦福国际研究院出身的道格拉斯·恩格尔巴特则是信息科技时代富有创造性和预见性的思想家。他的著名论文《提升人类智能》是信息科技时代主流思想潮流的重要代表作，他是 1968 年具有划时代意义的科技盛会"展示之母"的主角，他是今天人们早已习以为常的计算机工具鼠标的主要发明者之一，他几乎独自一人开创了个人计算机的全部技术——图像界面、多元窗口、数字出版、博客形态的杂志、维基百科全书式的网络合作模式、文件共享模式、电子邮件、即时通信、文本链接、互联网可视电话会议系统以及文件的格式化系统，等等。他将这个系统称之为"NLS"，这个几乎无所不包的系统启发了硅谷和个人计算机时代的许多创新者和企业家。

艾伦·凯如此评说恩格尔巴特："当有一天硅谷用完恩格尔巴特的思想之后，我真不知道硅谷的家伙们还能干啥！"[①] 然而，这样一位天才加全才的技术思想家却不是一位成功的企业家。他试图将自己构思的所有功能和技术整合到一个系统上，将自己设想的 NLS 系统变得庞大无比和复杂无比。他最早设计的鼠标竟然需要 12 个键！

这些极其生动和鲜活的案例告诉我们，人类一切伟大的创新都需要各种各样的天才人物、无数的普通工程师和技术人员的通力协作和密切配合。所谓尺有所短、寸有所长，唯有将各种各样人物的才华和能力恰当地配合和整合起来，才能创造人间奇迹。创新的制度安排和机制设计之所以如此重要，正在于我们必须要有一个好的制度和好的机制，才能将那些天才、奇才、怪才和鬼才汇聚到一起，共同创造人类科技和商业的奇迹。

哈佛大学商学院著名教授克里斯坦森在其《创新者的窘境》一书中揭示了人类创新和创造过程的一个基本矛盾：成功往往孕育着下一次的失败，以前的伟大创新者往往成为下一波创新的障碍者、阻挠者和最终的失败者。

个人计算机时代创新者悖论的案例可以说比比皆是，最著名的莫过于

---

① Walter Isaacson, *The Innovators: How A Group of Hackers, Geniuses, and Geeks Created the Digital Revolution.* Simon & Schuster, 2014, p.278.

施乐公司。

施乐公司是复印机产业的开创者和领导者。1970年，为了研究和探索人类技术的未来，施乐公司决定斥巨资成立研究中心，专门从事纯粹科学和技术研究。为了让研究中心不受公司日常经营业务和官僚体制的干扰和影响，公司决定到斯坦福大学的科技园设立研究所，并以此命名为施乐帕克研究中心。

从任何意义上说，PARC都是一个具有划时代意义的创举。正如1909年美国电话电报公司（AT&T）斥巨资创办贝尔实验室一样，PARC致力于纯粹的科学和技术研究，致力于探索人类科学技术的未来趋势。

行笔至此，我不禁感叹：实际上，判断一个国家是否将跃居全球创新的最前列，一个非常确定的标准就是看该国是否有企业能够创办独立研究机构从事纯粹的科学和技术研究，致力于探索人类科技的未来趋势，而不是仅仅为眼前的产品、服务、收入和赢利做短期的研发和设计。贝尔实验室创造了20世纪人类技术发明史上的许多奇迹，包括晶体管的发明。贝尔实验室一个实验室的科技发明就超过许多国家。

PARC从精神理念和使命上与贝尔实验室完全一致。它聘请当时最优秀的科技管理者罗伯特·泰勒出任研究所主管。泰勒具有多年主管国防部研究项目的实际经验，同时具有一种超越常人的科研管理能力，尤其具备识人用人，激励年轻天才科学家团结协作、创造奇迹的高超本事。泰勒是一个天生的科技工作管理者和激励者，以善于组织激烈火爆却极富创造性的科研讨论会而著称于业界。人们将泰勒组织的科研讨论会命名为"中间商会议"。作为"中间商"的泰勒，最善于激发出关键问题，让某个研究者首先提出想法，其他研究者开始毫不留情地批评。

泰勒自己并非一个科技天才，却能够恰如其分地把握科研人员的心理敏感底线，既巧妙地激发出最精彩的新创意和新思想，又能够避免研究人员伤了和气。他能够将各种各样的科技天才汇聚到一起，尤其善于吸引年轻的研究生或科技天才，并以各种办法促进他们完美协作与高效工作。人们将泰勒的工作方法概括为"创造性折磨"，团队成员之间相互刺激、质疑和折磨，将各自脑海里最精辟的想法挖掘出来。

正是在泰勒的杰出领导下，PARC 在成立后的短短数年里就开展了卓有成效的研究工作。其中最具前瞻性的研究就是艾伦·凯所领导的个人计算机研究。艾伦·凯是开创个人计算机时代的众多天才思想家和工程师之一，他的著名格言"预测未来的最佳办法就是创造未来"，为乔布斯所欣赏并终生信奉不渝。

凯不仅完整地提出了个人计算机的架构设计和具体制造方案，而且和同伴一起制造出最早的个人计算机样机。凯是道格拉斯·恩格尔巴特的信徒，他将恩格尔巴特关于个人计算机的一系列思想大大向前推进，变成完全可实现的技术方案。易言之，PARC 几乎发明了个人计算机产业所需要的全部技术。除此之外，PARC 还开发出最早的互联网应用协议（PARC universal packet）。泰勒后来说："20 世纪 70 年代，施乐公司的 PARC 发明了让互联网成为可能的绝大多数技术。"

然而，我们知道，施乐公司既没有成为互联网巨头，也没有成为个人计算机行业的巨擘。当然，施乐公司很长时间以来都是世界 500 强企业，是全球知名的高科技品牌，是值得所有人尊重的伟大企业。然而，当年曾经发明了互联网和个人计算机两大未来产业大多数核心技术的施乐公司，如今却被苹果和谷歌远远抛在后面，市值仅仅百亿美元。施乐公司究竟是如何错过了主导个人计算机和互联网时代的机会？

创新者的窘境在于，作为某个行业的领导者，他们的注意力往往总是集中在现有行业的发展趋势上，对于其他行业或者可能威胁到现有行业生存的新型行业或技术往往视而不见或者漠不关心。

经济学者将这种情况称之为"路径依赖"。过去的成功决定了下一步的发展路径，一个在某个行业已经取得巨大成功的管理者要完全跳出现有路径，独辟蹊径地开创新的行业，是非常困难甚至是完全不可能的。

这其实并非个别公司或管理者的个别现象，而是人类企业发展历史乃至人类制度演变历史的一个普遍现象。创新者的窘境能够解释为什么世界上所谓的百年老店或基业长青的企业少之又少，也能够解释熊彼特的创造性毁灭为什么是人类经济创新发展的内在动力。如果一个领先的企业永远领先任何新的行业，那么新的企业就可能永远没有机会出人头地。由此可知，创新者的窘境是坏事，同时也是好事，它是人类行为的必然结果。

当以凯为首的 PARC 研究人员玩儿命般地痴迷于个人计算机研发之时，施乐公司的战略规划主管却仍然只关心复印机行业的未来。当时施乐公司的战略规划主管已朦胧感觉到复印机行业将面临巨大挑战，却不知道到底是怎样的挑战。他来到 PARC，反复召集会议，要求凯等人详尽评估复印机行业的未来。正是在一次令人抓狂的趋势研判会议上，凯脱口说出了那句名言："预言未来的最佳办法就是创造未来！"施乐公司总部高官对凯狂热追求的个人计算机缺乏最基本的认知和最起码的热情。

1973 年 3 月，凯和他的同伴们偷偷摸摸、想方设法地制造出人类历史上最早的个人计算机样机，取名为"施乐 Alto"。在施乐公司一次全体高管大会上，凯展示出 30 台"施乐 Alto"样机，供大家体验试用。据说当时施乐公司所有高管没有一个人有兴趣试用，倒是他们的夫人和孩子们对新机器显示出极大兴趣，纷纷尝试用新机器打字，使用鼠标进行编辑，即使这样也没有引起施乐高管们的注意。PARC 的主管罗伯特·泰勒甚至没有被邀请参加会议（他自己不请自去，希望向施乐高管们推销个人计算机）。

泰勒非常失望地感叹："他们根本不屑于去体验新机器，他们认为那是秘书们应该做的事情，他们从来没有认真对待施乐 Alto，以为只有女人才会喜欢。经过那次活动，我完全认识到施乐公司永远不会进军个人计算机行业。"一位施乐公司高管甚至直截了当地告诉泰勒："计算机永远不会像复印机那么重要！"①

创新者的窘境具有现实的原因，那就是公司运营和管理结构的转型往往非常困难，成功的案例并不普遍。新的行业意味着新的产品设计、新的生产线、新的包装和品牌战略、新的市场开拓策略、新的工程师和设计师、新的销售团队。从成本角度考虑，很少有公司高管有魄力下决心进军完全新的行业。

凯如此感叹施乐公司错过了个人计算机的历史性机会："一个早已稳稳当当、功成名就的施乐公司不适合管理创新了。创新意味着完全新的产品、新的包装设计、新的产品说明书、新的产品设计，训练新的团队，到不同地区或不同国家开发新的市场。"②

接下来的故事举世皆知。施乐公司将"施乐 Alto"个人计算机系统免费送给美国许多研究中心试用，激发了围绕个人计算机的创新浪潮。最早得知 PARC 新科技的人员就包括乔布斯团队。当团队成员告知乔布斯

① Walter Isaacson, *The Innovators: How A Group of Hackers, Geniuses, and Geeks Created the Digital Revolution.* Simon & Schuster, 2014, p.294.

② Walter Isaacson, *The Innovators: How A Group of Hackers, Geniuses, and Geeks Created the Digital Revolution.* Simon & Schuster, 2014, p.293–294.

PARC 的最新成果之时，乔布斯立刻认识到那就是个人计算机的未来。精明的乔布斯和施乐公司总部投资部门做了一笔交易：如果施乐公司同意向他展示和转让 PARC 的个人计算机技术，乔布斯就同意施乐公司投资苹果公司 100 万美元。

当时苹果刚刚上市，股价暴涨，炙手可热。施乐公司立刻同意了这个交易。乔布斯和他的团队一刻没有耽误，直奔 PARC 办公室，几乎是以蛮不讲理的强迫态度让凯的团队将个人计算机的最新技术和盘托出。据说凯团队里好几个成员在把"珍贵绝密技术"展示给乔布斯之后，都忍不住大哭一场！乔布斯如获至宝，从此，个人计算机行业迎来了最成功也是最大的玩家！

第七章

双星系统：创新者的个性和创新路径

个人计算机行业的创新实际上已经停顿了。微软公司垄断该行业，却几乎没有任何创新。苹果公司彻底失败。桌面计算机市场已经进入黑暗时代。

——1995 年，乔布斯评论盖茨和微软

　　难道你不知道乔布斯实际上对技术一窍不通？他只不过是一个超级推销员。我难以相信你们竟然做出如此愚蠢的决策。乔布斯压根儿不懂任何工程技术，他说的 99% 都是错误的……苹果公司收购 NeXT，实际上就是收购了一个人（乔布斯），何况绝大多数人都不会预测他会成为一个伟大的首席执行官，因为乔布斯对此没有什么经验。

——1997 年，盖茨评说乔布斯

人类伟大创新的历史就是一部人类精神生活史，是一幕幕精彩纷呈、跌宕起伏的人生活剧，主角就是那些个性张扬、性格迥异的人物。

实际上，人类创新历史就是一个个独特的个性化故事，正是这些个性化的故事造就了思想创新、科学创新、技术创新、产品创新、服务创新、商业模式创新、管理文化创新；正是这些性格各异、特立独行的个人推动了经济增长。

理解人类经济增长之谜，其实就是理解个人的创造性、创新活力和企业家精神，就是理解促进创新、创业和企业家精神的文化氛围和生态体系。从这个意义上说，经济学家的数理模型抽象化了人类经济增长伟大活剧里最关键的角色——创新者和企业家，抹掉了经济增长和创新的真正秘密——人性或人心的独创性。这种独创性包括：人性中追求卓越的高贵品质，改变世界和改造人类的英雄气概，永不言败的超人意志，极具诱惑力、煽动性的卡里斯玛式的个人魅力和领导能力，敢于塑造未来而不是跟随潮流的远见卓识，或者所谓的现实扭曲力场效应。

美国硅谷数十年奇迹般的创新和创业历史，就好像滚滚江河永不停息一样，一代又一代传奇般的创新者和创业者如雨后春笋般层出不穷，这是硅谷创新历史最鲜明的特征。

没有任何一个统一的政府机构去号召创新和创业，没有任何明确的政府产业政策去引导人们去创业和创新，没有什么创新和创业的五年规划或十年大计，没有任何专门的机构去审核和评估什么是创新、创造和高科技，也没有什么鼓励创新和创业的庞大的政府基金，你甚至都说不出哪里算是人们心目中的硅谷地区。事实上，硅谷是新闻记者所创造出来的一个名词，用以形容那片极富创业和创新活力的地区。

就是那片区域里，时不时就会冒出一个天才、奇才和怪才，他们的想法可能在几年之内改变科技和商业世界的格局。

他们中有的是大学教授和顶级科学家，有的是大学辍学者和嬉皮士，有的是业余爱摆弄电子产品的天才黑客或极客，有的是喜欢突发奇想却又极具鼓动性和诱惑力的推销奇才。

他们中有的出身上流社会甚至名门望族，有的出身中产阶级或知识分子家庭，有的出身卑微，少小贫穷。

他们中有的是土生土长的"硅谷"或加州人，有的来自纽约和东部英格兰新教地区，有的来自乡土气息浓厚的美国中部"乡土"地区，有的来自拉丁美洲、欧洲、亚洲和非洲。

他们中有的信仰基督教（天主教或新教），有的信仰佛教或禅宗，有的信仰伊斯兰教，有的信仰中国儒家学说，有的根本就没有任何宗教信仰。

他们中有的一帆风顺，少年得志；有的历经艰辛，大器晚成；有的竭尽全力却功亏一篑；有的几起几落，饱经风霜。

他们中有的性情温和、待人宽厚，有的高贵典雅、风度翩翩，有的性情暴躁、待人鲁莽，有的怪异孤僻、不近人情，有的口若悬河、滔滔不绝，有的寡言少语、沉默是金。

易言之，不论出身、信仰和性格，任何人都有可能成为伟大的创新者和创业者，关键就看那一粒可贵的种子是否能落入那片合适而肥沃的土壤中。创新和创业的土壤——我们称为创新和创业的生态体系，是一个有机的动态演化生态体系，是充满活力和创造力的生态体系。这个生态体系就是一切创新和创业的最大秘密。只要生态体系是最好或最合适的，任何种子都可能长成参天大树，或成为有用之才，或成为奇花异草。

在人类创新和创造的全部历史里，有时会出现一些令人惊异的奇特现象，那就是同时涌现出两个或多个性格迥异的天才。他们之间的竞争与合作往往就决定了那个时代、那个领域和那个产业的发展方向和基本特征。

沃尔特·艾萨克森在《史蒂夫·乔布斯传》中生动地描述了信息科技时代的这个奇特现象，那就是盖茨和乔布斯所构成的信息科技时代的"双星系统"。

艾萨克森说："在天文学中，当两颗星体轨道交织，由于引力相互作用，就会出现双星系统。"①

物理学对双星系统的定义是：两颗质量极其接近的星体，由于万有引力也十分接近，所以彼此吸引对方，互相绕着对方旋转，永不分离。

人类社会类似的双星系统则是指同一时代的同一个领域里出现两个绝世天才，他们相互吸引又相互竞争，他们都有着极其高远的目标和宏大的愿景，但对于实现目标和愿景的路径却往往非常不同甚至截然相反；他们对世界和人生的看法往往大相径庭，从而在为人处世和战略战术上大异其趣；他们有时可能是相互帮助、互相启发、极其亲密的战友，有时却可能成为相互敌视甚至公开决裂的对手；他们有时惺惺相惜，为对方自豪，庆幸自己有这样伟大的伙伴或盟友，有时却又希望对方完全不存在。

艾萨克森认为 20 世纪初期物理学领域的爱因斯坦和玻尔是一对科学双星；美国建国初期的两位建国之父——杰斐逊和汉密尔顿是一对政治双星；盖茨和乔布斯则是 20 世纪 70 年代个人计算机时代发展的头 30 年的一对双星。

爱因斯坦和玻尔是科学史上的两大巨人，也是 20 世纪物理学新天地的开拓者。前者以发现光电效应、狭义相对论和广义相对论而彪炳史册，后者则以原子结构模型的发现者和量子力学哥本哈根学派的开山大师闻名

---

① Walter Isaacson. *Steve Jobs*. Simon & Schuster, 2011.

于世。

两位顶级科学大师相互欣赏，惺惺相惜，成为20世纪数十年里最璀璨的科学双星。然而，两位科学家对量子理论的认识，尤其对量子理论哲学意义的看法却大相径庭。

玻尔坚信量子理论对世界或宇宙的概率论解释，爱因斯坦则深信量子力学对宇宙和世界的概率论解释绝非世界的本来面目，他坚信一种决定论的世界观，其著名格言是："上帝从不掷骰子！"

爱因斯坦与玻尔围绕量子力学的著名论战持续数十年，几乎所有顶级科学家皆加入这场论战。论战刺激出来的科学实验和理论文章数之不尽，相关趣事早已成为20世纪科学史的佳话。

爱因斯坦与玻尔的这场论战至今余音袅袅，还没有得到最后的解决。初期看起来是玻尔的概率论思想占上风，后来却似乎是爱因斯坦的决定论逐渐收复失地。毫无疑问，爱因斯坦与玻尔的科学论战不仅是科学史上最著名的争论之一，而且在很大程度上决定了后世科学理论的发展方向。

熟悉美国开国历史的人都知道，托马斯·杰斐逊和亚历山大·汉密尔顿是美国建国大业中最富有传奇色彩的两位人物。杰斐逊出身豪门，继承巨额遗产，拥有庄园数千英亩，奴隶数百名，生活优越，教育优良，读书万卷，知识渊博，天资聪颖，爱好广泛，思想深邃，气质优雅。

汉密尔顿出身低贱，从小饱受生活艰辛的折磨和煎熬，母亲为生活所迫曾沦为妓女，父亲则是一个毫无责任心的流浪汉，抛弃三个孩子远走高飞，不知去向。母亲去世之时，汉密尔顿年仅10岁，他不得不独自谋生：12岁到码头打工，顽强坚持自学，天才开始展露；14岁得到贸易商人的欣赏，担任贸易公司经理，随即被资助保送到美洲大陆的国王学院（今美国哥伦比亚大学的前身）学习，并很快投入美国独立战争的时代洪流，担任总司令华盛顿将军的战地副官。与杰斐逊一样，汉密尔顿也是聪明绝顶，兴趣广泛，思想深邃，知识广博，远见卓识，无人能与之匹敌。

杰斐逊和汉密尔顿为美国独立和建国皆做出了巨大贡献。杰斐逊以起草《独立宣言》名垂青史，汉密尔顿则以撰写《联邦党人文集》万世流芳；杰斐逊出使法国和欧洲，为美国独立战争争取国际援助辛勤奔走，汉密尔顿作为华盛顿的副官运筹帷幄，决胜千里；杰斐逊是美国第一任国务卿，汉密尔顿则是美国第一任财政部长（也是美国迄今为止最年轻的财政部长）。

然而，美国建国大业时期两颗政治巨星的根本政治理念却分歧巨大。杰斐逊心目中理想的美国是一个以小农或自耕农为主体的农业国家，充满着田园诗般的质朴、单纯和浪漫；汉密尔顿心目中的美国则是以强大的制造业和金融业为立国之本，必须抢占世界制造业和金融业的制高点。

杰斐逊心目中的美国制度是各个相对独立的州政府之间的松散联合体，联邦政府的权力要受到高度制约或压缩；汉密尔顿心目中的美国制度则是以一个强大的中央或联邦政府为核心，联邦政府必须拥有国防、外交、立法、司法、财政、税收、金融、贸易、教育、产业等所有方面的强大权力。

杰斐逊将金融家和金融业看作贪婪的象征和罪恶的渊薮，极力反对汉密尔顿的金融立国方案；汉密尔顿则认为金融是国家强大和富裕的必由之路，全身心致力于构建美国的金融体系。

杰斐逊认为大制造业和企业家唯利是图，将严重损害农民或小业主的利益，必须严格限制；汉密尔顿则认为强大的制造业是强国富国的必由之路，他游说国会通过著名的《关于制造业的报告》，全力促进美国制造业的兴旺发达。

杰斐逊的政治哲学思想后来演变为民主党的思想基础，汉密尔顿的政治哲学思想则演变为共和党的思想基础。美国建国 200 多年的历史，每一次重大的政治理念和政策辩论，杰斐逊和汉密尔顿的思想总是如影随形。杰斐逊与汉密尔顿政治双星的理念和政策分歧，始终是美国制度和政策变迁的主旋律。这一奇特现象引人入胜，发人深思。

到 20 世纪后半期的信息科技时代，一对新的双星——盖茨和乔布斯冉冉升起，他们长达 30 年的相互竞争和合作决定了个人计算机的发展方向。同年出生的盖茨和乔布斯有着非常不同的出身和家世，除了年龄以外，他们几乎每个方面都截然不同。

盖茨的父亲是西雅图著名律师，母亲是当地著名的社会活动家，是多个声望卓著的社团理事会的重要理事。青少年时期的盖茨就读于西雅图最好的私立中学——湖滨高中，是一个品学兼优的天之骄子。中学期间，盖茨开始显露出计算机软件方面的天才。他为学校设计了一个排课程序，据说主要动机是为了让他能够和自己中意的女生一起上课；他还为管理交通的工程师设计了一个清点汽车数量的程序。高中毕业，盖茨顺利进入哈佛大学就读。对于盖茨而言，这一切似乎都是那样顺理成章和理所当然。

与此相反，众所周知，乔布斯的生父是叙利亚人，母亲是美籍德裔。姑娘爱上叙利亚小伙，遭到了她父亲的极力反对，其父甚至威胁要断绝父女关系。姑娘怀上乔布斯时，就决定要把孩子送给他人抚养，唯一条件就是养父母必须答应攒足够的钱，以便让孩子成年之后能够上大学。

被遗弃的经历深深地影响了乔布斯的内在性格、世界观甚至整个人生历程。养父母对乔布斯视如己出，爱护有加，却始终无法弥补乔布斯内心最深处的隐痛。与盖茨中规中矩、一帆风顺的青少年成长道路完全不同，乔布斯几乎从咿呀学语开始就满怀叛逆情绪，并迅速成长为一个反文化、反传统的嬉皮士。他是寻求自我精神超越和完美的灵魂修道者，是佛教禅宗的狂热信奉者，是印度和日本禅宗大师的忠实追随者，也是摇滚音乐和反潮流文化的铁杆"粉丝"。

养父母希望他就读斯坦福大学或加州大学伯克利分校，为此省吃俭用，攒足了学费。乔布斯却毫不理会，执意跑到俄勒冈州一所艺术学院去学习现代艺术。

与盖茨一样，乔布斯也是一个辍学者。不过盖茨辍学的目的非常明确，就是为了创办一家计算机软件公司；乔布斯辍学的理由却是讨厌艺术学院的教学方法和氛围。辍学之后的乔布斯选择选修自己喜爱的课程，主要精力却放在禅宗修炼和精神冥想上。如此这般晃荡一年多之后，乔布斯开始寻找一份工作以便获得财务独立。

与盖茨一样，乔布斯也是新鲜电子产品的狂热爱好者，不过盖茨的爱好是"高大上"，乔布斯的爱好却是"恶作剧"。譬如，乔布斯和他的伙伴沃兹尼亚克一起，制作所谓"蓝盒子"截取电话公司线路，狂打免费电话，甚至假装基辛格试图给梵蒂冈教皇打电话；制作电视天线扰乱朋友家庭的电视信号；等等。

如果说盖茨创办微软公司是有计划地去实现自己的理想，那么乔布斯和沃兹尼亚克创办苹果公司却是从"恶作剧"逐渐过渡到打算成就一番事业；如果说盖茨创办公司从一开始就有明确的目标和步骤，那么乔布斯开始的创业却是漫无目标的胡打乱撞。

无论是对个人计算机发展方向的看法，还是个人管理公司的风格和技巧，盖茨和乔布斯都是截然相反的两个极端。

盖茨对编制计算机程序相当在行，分析能力超强，对商业世界的认知理性而现实。他认为个人计算机的硬件和软件应该分开，硬件制造商必须制造出能够兼容任何软件的个人计算机硬件，软件编写者则应该设计出能够运用于所有计算机的软件程序，所以盖茨拒绝将微软的软件开发与某个个人计算机硬件制造商完全捆绑到一起。无论是 IBM 还是苹果，他不想将微软公司的前途和命运完全寄托到某一个计算机硬件制造商，他要设计开发出能够为所有计算机兼容和运用的软件，这样微软公司才有最广泛的发展空间和无限的成长前景。盖茨先后拒绝 IBM 和乔布斯独家拥有微软操作系统和应用软件的要求。

与之相反，乔布斯则坚信个人计算机的硬件和软件必须是一个完美的整体，二者不可分离。从苹果 I、苹果 II、麦金塔一直到后来苹果公司的 iPad 和 iPhone，都彻底贯彻了乔布斯的基本哲学理念，一以贯之。

乔布斯是一个天生的完美主义者，不是盖茨那样的实用主义者。乔布斯对产品的每一个细节都给予同样的高度重视和完美要求，哪怕是顾客根本不会看到的产品内部部件。乔布斯并不是一个技术高手或专家，却对如何利用最先进的科技来制造可供大众消费者使用的完美产品有着超乎常人的敏感度和预见性。

如果说盖茨的思维方式主要是严谨的逻辑分析，那么乔布斯的思维方式则主要是直觉和本能感受；如果说盖茨是一个信奉实用主义的实干家，那么乔布斯就是一个信奉完美主义的梦想家；如果说盖茨设计产品是为了满足现实的需求，那么乔布斯构想和制造产品就是为了创造新的需求。乔布斯的名言是："需求不是被满足的，而是被创造出来的。"

乔布斯坚信直觉是人获得灵感和知识最有效的办法，与直觉相比，所谓逻辑或理性分析显得苍白无力。他把这种基本的认识论贯彻到全部产品设计开发和企业经营活动中。如何利用先进科技来创意、设计、制造和销售人人欢迎的产品，乔布斯确实具有天生的敏感度和预见性。很多时候，我们会觉得乔布斯的看法的确具有深刻的洞察力，似乎更能够触及事物的本质，引发人们内心深处的共鸣。

从企业或商业发展历史的角度看，我们很难说盖茨哲学和乔布斯哲学孰优孰劣，他们都创造出了信息科技时代的伟大传奇，都从根本上改造或革新了人类的生活方式，他们都是我们这个时代不可替代的英雄人物和创业创新典范。

盖茨文质彬彬、温文尔雅、严于律己、宽以待人，算得上一个典型的谦谦君子；与之相反，乔布斯则性情暴躁、粗鲁无礼、情绪多变、反复无常。

乔布斯那著名的现实扭曲力场效应，说得好听一点是一种神奇的卡里斯玛效应或个人魅力，说得难听一点就是歪曲事实，自欺欺人。乔布斯天生具有一种渴望掌控一切的冲动和本能，很难容忍别人挑战他的意见，这导致他早年创业盟友纷纷离他而去，自己也不得不离开苹果公司。乔布斯对人的看法非常奇特，他将人简单分为天才和笨蛋两种，对手下工程师及其工作的评价要么是天才或天才之作，要么就是笨蛋或狗屎，从而导致一些颇有才华的工程师和商业人才离他而去。乔布斯从不注重社交礼仪或文明礼貌，他经常在公众场合让同事、合作伙伴甚至社会名流下不来台，类似故事不胜枚举。

总之，如果按照一般人的观感和想法，乔布斯绝对是一个不合群的怪人。如果不是美国硅谷具有那样多元包容的文化氛围，乔布斯和苹果公司恐怕不会成长壮大。

由此我们可以看到一个创新创业文化生态体系的极端重要性。我们对比研究盖茨和乔布斯的个性及其管理风格的差异，并不仅仅是出于对两位信息科技创新英雄的好奇，而是从他们迥然相异却同样大获成功的个性和管理风格上，能够找到人类创新、创造和创业的真正秘密。

我们一再强调，这个秘密就是富有生机活力、多元包容的文化生态体系。这样一种文化氛围和生态体系，任何奇特人物都能够找到自己生存的空间，都能够找到孕育和滋养自己的土壤。纵观历史，每一个国家和民族，如果说曾经有过创新和创业蓬勃兴盛的时期，那个时期必定是一个文化多元和包容的时代。

盖茨和乔布斯这一对信息科技时代星空的双星，有合作，有竞争，有时相互欣赏，有时相互鄙视和诋毁，最终却共同创造了人类科技和商业的全新时代。

与盖茨相比，乔布斯的事业可谓跌宕起伏，一波三折。他与盖茨一样少年得志，年仅20多岁就彻底改变了个人计算机的发展方向，很大程度上正是他和沃兹尼亚克创办的苹果开启了个人计算机时代。沃兹尼亚克主要是一个技术极客，是乔布斯的远见卓识、坚持不懈和卓越的销售才能将沃兹尼亚克和其他人的技术天才转化为信息科技时代的大众消费产品。

正当事业逐渐迈入巅峰之时，乔布斯却被无情地赶出了苹果公司。苹果公司内部那些他曾经最好的朋友、合作伙伴以及像父亲一般呵护过他的人都抛弃了他。乔布斯被赶出苹果公司，客观上说，这与他个人的专横独断、我行我素和商业判断错误有直接关系。麦金塔计算机项目注定是一个失败的项目，事实证明乔布斯围绕麦金塔计算机的商业策略与市场趋势完全不符。被赶出苹果公司是乔布斯为自己的固执己见付出的惨痛代价，也是他个人事业遭遇的最大挫折。

到20世纪90年代中期，正值美国科技浪潮汹涌澎湃之时，其他科技公司的股票价格皆一飞冲天，而乔布斯亲手创办的苹果公司的股价却一直下降，即从1991年的每股70美元下挫到1996年的每股14美元。公司年年巨额亏损，仅1995年就亏损高达10亿美元。眼睁睁地看着自己的心血被整个世界无情抛弃，曾经人人宠爱有加的"王子"沦落为人人唾弃的弃儿，乔布斯的心都碎了。

离开苹果公司的乔布斯并没有灰心丧气、止步不前。依照我们一般人的想法，30岁的乔布斯完全可以"退休"享受生活了，因为他早已名利双收。离开苹果公司后，乔布斯立刻将所持苹果公司股票全部卖出，只保留1股以便能够有资格参加股东大会，这一操作让他套现近2亿美元。坐拥数亿美元身价，完全能够享受任何奢侈的生活了。

然而，乔布斯的伟大之处正在于此。他渴望成功和荣耀，渴望掌控一切，渴望创造出世界上最完美的产品，渴望创造出世界上最伟大的公司，渴望击败一切竞争对手。他对金钱也十分在意，然而，他拥有金钱却不是为了过上奢靡和豪华的生活。

2010年，也就是苹果公司成为上市公司30年之后，乔布斯如此回忆和反思："苹果公司上市后，我看到公司一些人一夜暴富之后就琢磨着要过不同的生活了。有些人买了劳斯莱斯和各式各样的房子，每套房子都有管家，然后再雇人来监督管家。他们的太太争先恐后地去做整形手术，将自己变成奇形怪状的人。这些都不是我想要的。我向自己做出保证，决不让金钱毁掉我的人生。"①

乔布斯年仅20来岁就成为著名的亿万富豪，却一直居住在陈设极其简单的房子里（几乎没有家具），即使结婚后也没有搬进金碧辉煌的豪宅，以至当盖茨到乔布斯家里的时候，被他简陋的家居惊呆了："你们全家就住这样的房子？"盖茨造价近亿美元的豪宅举世闻名，对于乔布斯的深居简出自然深感震惊。

---

① Walter Isaacson. *Steve Jobs*. Simon & Schuster, 2011, p.105.

修炼禅宗深深影响了乔布斯对物质享受的态度，深信拥有物质财富不仅不会丰富人生，反而会成为人生的桎梏。乔布斯说："其他每个首席执行官都有贴身保镖小分队，他们甚至把保镖安置到家里。这简直是一种发疯的生活方式。我和妻子决定，这绝不是我们养育孩子的生活方式。"①

因此，离开苹果公司之后坐拥数亿美元的乔布斯立刻开始了新的征程。他先是创办 NeXT 计算机公司，接着收购皮克斯公司。为了支持两家公司的运作，他自掏腰包近亿美元。NeXT 公司不算特别成功，皮克斯却创造了动画电影史上的奇迹。乔布斯亲自主导的《玩具总动员》系列动画电影，至今无人超越。这一系列电影不仅收获了令人艳羡的票房，而且开启了动漫电影的新境界和新时代，皮克斯公司也从一个名不见经传、行将就木的小公司一跃成为电影界的知名企业，上市之后的市值一度接近百亿美元。

更为重要的是，乔布斯担任首席执行官并主导皮克斯所创造的电影神话，生动地诠释了乔布斯将艺术和科技结合起来创造完美产品的理念。乔布斯喜欢把自己描述成生活于人文和科技前沿交界线上的人，科技和人文的结合、科技和艺术的结合，是乔布斯给人类留下的最宝贵的精神财富。

与乔布斯相比，盖茨几乎没有遇到过任何挫折，他专注开发能够运用于任何计算机硬件的操作系统和软件产品。视窗系列操作系统获得了信息科技时代令人惊叹的巨大成功，也获得了令人难以置信的规模最大的垄断，盖茨因此迅速跃居科技巨富的首位。自 1993 年起，他就一直稳居世界首富的宝座，虽有短暂时刻被其他人超越，但其科技首富和世界首富的地位却始终无人能够撼动。

1995 年底，乔布斯颇为哀伤地感叹："个人计算机行业的创新实际上

---

① Walter Isaacson. *Steve Jobs*. Simon & Schuster, 2011, p.105.

已经停顿了。微软公司垄断该行业，却几乎没有任何创新。苹果公司彻底失败。桌面计算机市场已经进入黑暗时代。"① 从这些话语里，我们可以感受到乔布斯的失落、失望和不服气的坚毅态度。正是这种内心深处的情感驱使他两年之后重返苹果公司，并创造出信息科技时代最令人目眩的辉煌成就。

乔布斯指责和抱怨微软垄断个人计算机行业却没有多少创新，盖茨同样对乔布斯的所作所为不屑一顾甚至满怀鄙视。当 1997 年初，深陷困境的苹果公司决定收购乔布斯离开苹果之后所创办的 NeXT 公司时，盖茨几乎不敢相信这是真的。

他直截了当地告诉当时苹果公司的首席执行官："难道你不知道乔布斯实际上对技术一窍不通？他只不过是一个超级推销员。我难以相信你们竟然做出如此愚蠢的决策。乔布斯压根儿不懂任何工程技术，他说的 99% 都是错误的。天啊，你们竟然收购他那个垃圾公司，这究竟是为什么啊？"②

苹果公司收购 NeXT 之后，盖茨知道乔布斯早晚会回到苹果公司出任首席执行官，但他却深刻怀疑乔布斯能够成为一个称职的首席执行官："苹果公司收购 NeXT，实际上就是收购了一个人（乔布斯），何况绝大多数人都不会预测他会成为一个伟大的首席执行官，因为乔布斯对此没有什么经验。但是他是一个非常聪明的人，对伟大的设计和伟大的工程技术具有极其优越的品位。他极力控制自己那些发狂的想法，才得以勉强赢得代理首席执行官的职位。"③

想想吧，只过了不到 5 年时间，乔布斯就开始被全球企业界评选为最

---

① Walter Isaacson. *Steve Jobs*. Simon & Schuster, 2011, p.295.

② Walter Isaacson. *Steve Jobs*. Simon & Schuster, 2011, p.302.

③ Walter Isaacson. *Steve Jobs*. Simon & Schuster, 2011, p.303.

佳首席执行官第一名，以后多次获此殊荣。这至少从一个侧面证明了人类一些最重要、最关键的事情根本无法预料，同时也证明创新和创业的成功是无法预测的。

而立之年的乔布斯曾经宣告："年龄超过 30 岁或 40 岁的艺术家还能够创造出真正激动人心的作品，几乎是绝无仅有的稀奇事。"[1] 然而，超越不惑之年的乔布斯恰好迎来了他人生事业最辉煌的时代，他用自己的骄人成就证明，40 岁以上的人照样有可能成为最伟大的创新者。

究竟是盖茨的软硬件分离模式更加成功，还是乔布斯的软硬件一体化模式更为成功，我们很难给出一个定论。无论如何，信息科技时代尤其是个人计算机时代就是少数英雄人物的人格演化史，或者借用黑格尔的话说，就是"一部精神现象史"。

伟大的创新者和创业者是人们心目中的英雄，却并非是那么"可爱"的人。绝大多数伟大创业者都具有一些共同的特质：雄心勃勃、远见卓识、个性张扬、控制欲强、傲慢自负、目空一切、鄙视他人、轻视同僚、擅长表演、夸大其词、倔强固执、毫不妥协、缺乏同情、我行我素、斤斤计较、财迷心窍等。

这些特质绝非是凡夫俗子所谓的可爱品德，凡夫俗子难以与这样的伟大人物相处，除了被动屈服和忍耐，别无他途。乔布斯就是具有所有这些品质的典型代表。他批评员工、同僚和合作伙伴从不留情面，他解雇员工从不事先通知，也不打算给开除的员工任何补偿。他对那些敢于公开挑战他想法的人往往怀恨在心，甚至公开争吵、厮打和决裂。乔布斯的一生穿插着许许多多这样的故事。

---

[1]　Walter Isaacson. *Steve Jobs*. Simon & Schuster, 2011, p. 130.

或许，正如英国古典时期哲学家和经济学家亚当·斯密和曼德维尔等人已经证明的那样，我们通常以为的人性之恶——譬如自私、自负、虚荣等——却往往是促成人类进步的必由之路。

　　人类创新和创业的历史一再证明，任何个性和品格都可能促成伟大的创新和创业，只要有合适的环境和土壤。由此出发，我们需要重新反思我们的教育理念。教育在增进人类品德和丰富人类知识的同时，往往形成一些僵化的理念和意识形态，让我们以一种机械化的模式来定义"好人"和"坏人"、"好品德"和"坏品德"。

第八章
创新的灵魂：富有创造力的研究性大学

热爱自由就意味着我们必须妥善保护让自由成为可能的一切资源，从神圣的家庭、肥沃的土地到科学家的天才。

——艾森豪威尔，美国第 34 任总统

就算我们认同创造、创新和创业的生态体系理论，就算我们认为一个生态体系里很难说哪个因素是最关键因素，我们仍然不得不承认，创造、创新和创业生态体系里最核心的因素或力量是富有创造性的大学和研究机构。伟大的大学和研究机构是创新和创业生态体系的定海神针和活力之源，这恐怕是人类所有创新创业历史最主要、最宝贵的经验，20世纪之后尤其如此。

假若没有斯坦福大学，就不可能有硅谷的创新和创业神话；假若没有魏茨曼科学研究院和特拉维夫大学，就不可能有以色列令人吃惊的创新和创业故事；假若没有剑桥大学，就不会有剑桥科技园的奇迹；假若没有哈佛大学和麻省理工学院，就不会有波士顿128号公路周围科技园的辉煌。

或许这并不足为奇，奇怪的是全世界有那么多的大学和研究机构，为什么创新创业的神话却是那样的稀缺和珍贵？事实非常简单，拥有大学和科研机构与创新创业并非一回事。

究竟什么样的大学和科研机构才是孕育和刺激创新创业的圣地？什么样的文化氛围、体制机制才能够让大学和科研机构成为推动创新和创业的生力军？

回答这些问题之所以很重要，是因为当今的世界，人类已经形成了高度共识，那就是依靠消耗自然资源的经济增长模式必须让位于依靠创新驱动的增长模式。从任何意义上说，创新都将是人类财富增长和经济增长的主要途径。自然资源丰富的国家，即使还能够依靠自然资源摆脱贫穷和发财致富，也必须逐渐放弃这种方式，因为消耗自然资源必然恶化全球环境。比如，世界银行的研究报告指出，如果全球气候变暖的势头得不到遏制和逆转，全球经济增长的成果将完全被气候变暖的恶果抵消，一些已经实现经济增长、摆脱贫穷的国家和人民将重新陷入贫穷的深渊。那些自然资源并不丰富的国家，必须依靠创新来驱动经济增长的压力尤为巨大，因为日益提高的环保标准将大幅度提高能源和资源消耗的成本，低要素成本、低环境成本的比较优势正在加速消失。简而言之，人类要继续实现可持续的经济增长，数十亿人要摆脱贫困、实现繁荣，唯一道路就是创新驱动经济增长。

说起来容易做起来难。要从资源消耗型的经济增长模式转向创新驱动型的增长模式，我们首先需要检讨当今世界的大学教育模式。事实上，很多大学并不是创造、创新和创业的助推器，反而成为创造、创新和创业的巨大障碍。

在人类发展史上，持续、快速的经济增长是 18 世纪以后才有的新事物，它直接源于科学革命和科技创新的大爆发。当然经济学者会将科技创新和科学革命的起源追溯到西方世界（欧洲尤其是英国）的政治制度革命和产权制度革命，后者又可以追溯到数百年前的多项重大政治和经济事件，包括文艺复兴、宗教改革、地理大发现、价格革命（地理大发现之后美洲白银滚滚流入西欧，引发西欧政治和经济结构的剧烈变革），以及 1688 年英国政治制度历史上划时代的光荣革命，等等。

历史是一个没有尽头的时间隧道。我们不需要也不可能追溯得那么遥远、那么全面。单从英国第一次工业革命的起源而言，它直接来自英国实验科学的兴起。英国实验科学则源自弗朗西斯·培根和艾萨克·牛顿，波兰的哥白尼和意大利的伽利略则首开先河。简言之，人类持续快速的经济增长历程之所以得以开启，首先源自系统性和持续性的科学思想革命和科技创新手段。现代意义的大学和科研机构也是发端于培根和牛顿时代。英国著名的剑桥大学和牛津大学、意大利著名的博洛尼亚大学以及其他国家某些古老大学起源更早，然而在漫长的历史长河里，这些古老的大学显然只是一个人文研究和讲学机构，还不是现代意义的研究性大学和持续性的科学研究场所。

由此我们可以得出一个基本结论：现代意义上的研究性大学和科研机构的兴起，正是促成工业革命和现代经济增长的核心推动力量。这个结论对于英国第一次工业革命似乎还不是那么明显，但是我们仍然可以说，假若没有数百年前奠基的剑桥大学和牛津大学，第一次工业革命或许不会发端于英国。

研究性大学和持续性科研机构对于科技创新的极端重要性，到19世纪中期开始的第二次工业革命和20世纪后期开始的第三次工业革命，则是不争的事实。德国著名的柏林洪堡大学创立于1820年，这所大学的创立与后来德国的迅速工业化和迅猛崛起为世界工业强国有着直接和紧密的关系。德国科学界和技术界的大多数精英都出自柏林洪堡大学。柏林洪堡大学之外，德国还有许许多多优秀的大学和科研机构。19世纪后期和20世纪初期的德国能够执掌世界工业革命许多领域之牛耳，绝对不是偶然。明治维新之后日本的崛起，最大秘诀就是日本社会对教育的高度重视以及许多著名大学和研究机构的迅速崛起，如著名的东京大学、京都大学、庆应义塾大学等，成为日本科技和工业革命的发祥地。

自19世纪后期开始，美国开始迅速追赶和超越英国和德国，成为全球科技创新的领军国家。从20世纪后半叶开始，美国开始主导全球的科学革命和科技创新。追根溯源，我们必须到美国数之不尽的研究性大学和科研机构里去寻找答案。

1890年，洛克菲勒的标准石油公司建立了人类商业历史上的第一个专门的企业内部研究机构。1907年，美国电话电报公司创办了著名的贝尔实验室。从此之后，大企业创办专门的研究机构成为美国企业争夺产业制高点、赢得竞争优势的主要法宝，大公司与研究性大学的合作开发则是另外一个重要途径。更为重要的是，19世纪以来，美国的大学和学院迅速成为全球科学研究和科技创新的重要阵地，与此同时，众多新型的研究性大学和科研机构如雨后春笋般快速崛起，最著名的是洛克菲勒捐资创办的芝加哥大学和利兰·斯坦福（1824—1893）捐资创办的斯坦福大学，时间都在1890年前后。

斯坦福大学的创办本身就是一个极其动人的故事，是一个企业家精神和人间大爱完美结合的故事。美国建国的200多年历史里，类似的企业家精神和人间大爱完美结合的故事很多，这是美国这个国家之所以伟大的重要原因之一。今天遍布美国大地的众多世界一流大学、中学、小学、幼儿园、研究院、博物馆、图书馆、艺术馆等，许许多多都是企业家捐资创办。捐资的动机或者是为了纪念捐助者的亲人、朋友、伟大人物，或者纯粹出于对国家和民族的热爱，或者出于极其虔诚的宗教信仰，或者出于对母校和家乡的感恩。这是一个非常奇特的美国现象。其他国家和民族同样有许多人从事慈善事业，但是像美国企业家那样捐资兴建如此众多的教育机构，应该没有第二个国家。可以说，全世界乃至全人类都从美国企业家的慷慨捐助里受益颇丰。

斯坦福大学的创办者是利兰·斯坦福夫妇。利兰·斯坦福既是非常成功的企业家，又是非常成功的政治家。斯坦福是贯通美国东西部广袤大陆铁路运输线的投资者和建造者，铁路投资为他积累了巨额财富。1885年，斯坦福的财富超过2000万美元，与当时美国GDP相比，2000万美元大约相当今天的200亿美元；从物价指数折算来看，也相对于今天大约60亿美元。毫无疑问，斯坦福是美国当时的著名富豪。同时，斯坦福投身政治活动，成功当选美国参议员和第一任加州州长。

辉煌的人生总有不如意之处。1885年，斯坦福夫妇年仅15岁的独生子小利兰·斯坦福游历欧洲期间感染伤寒，不治身亡。痛失爱子使斯坦福夫妇悲痛欲绝。为了怀念爱子，他们决定将全部家产捐献出来创办一所大学或研究院。斯坦福为此专门到哈佛大学咨询时任校长查尔斯·威廉·埃利奥特（1869—1909年担任哈佛大学校长），到底是建一所大学好还是创办一所研究院好。埃利奥特的答案是建一所研究性大学。

斯坦福夫妇选择离旧金山中心市区大约80千米、一个名叫帕罗奥多的地方作为大学校址。须知100多年前的帕罗奥多基本上还算是荒野之地，绝非今日寸土寸金的硅谷胜地。当时就有人对斯坦福的宏图大计泼冷水，认为没有人会跑到那里去上学。然而，斯坦福夫妇坚信好的学习环境最好远离城市中心。仅此一点，就充分显示了斯坦福夫妇作为企业家和教育家的远见卓识。

教育是百年大计，必须从长计议，选择离市中心看似遥远的地方，就能够为大学的发展开辟极其广阔的空间。斯坦福斥资购买了约33平方公里的土地作为大学校园的地盘。一所大学占地33平方公里是什么概念？简单比较一下，北京市（新）西城区的总面积不过50平方公里，上海自贸区面积不过28.78平方公里。

今天，当徜徉在美丽广阔的斯坦福大学校园之时，我们不得不惊叹斯坦福夫妇的伟大壮举。古木苍翠，绿树成荫，芳草萋萋，鲜花烂漫，建筑庄严，气势雄伟，仅那数量众多、规模宏阔的体育设施就足以让人艳羡。从篮球到高尔夫，从游泳到跑马场，体育运动设施一应俱全，如果没有那么大的占地面积，怎么能够兴建如此齐全和漂亮的体育设施。任何学生和学者进入斯坦福大学，首先就被雄伟壮阔的校园震撼和吸引，心胸顿时豁然开朗：这才是理想的大学校园。

今天，斯坦福大学是硅谷的中心，位居创新和创业圣地的核心地带。如果当年斯坦福夫妇没有如此伟大的气魄，购买如此广袤一片土地，就不可能有20世纪50年代斯坦福大学教务长兼电气工程学院院长弗雷德里克·特曼的伟大创举。

特曼教授廉价出租580英亩（约2.4平方公里）校园地皮以支持科技公司发展的惊人创举，早已成为斯坦福大学和硅谷发展史上的一个神话和转折点。人们公认，硅谷的起源就是特曼的历史性决定，即以极其低廉的价格（几乎只是象征性地收费）将近1/10的校区出租给科技公司，从此将斯坦福大学和众多史诗般的创新企业紧密联系在一起。斯坦福大学从此不仅迅速跃升为世界顶级研究型大学，而且更成为硅谷创新和创业的最大孵化器，成为无数创业者和创新者的精神家园和事业发祥地。人们已经很难统计，究竟有多少硅谷的企业、企业家和划时代的创新思想源自斯坦福大学，仅仅提到惠普、谷歌、思科、雅虎就足以能够证明。

当斯坦福夫妇决定捐出全部家产兴建一所大学之时，斯坦福对妻子说了一句话："今后全加州的孩子都是我们的孩子！"斯坦福夫妇将刻骨铭心的丧子之痛转化为人间大爱，立志为加州人民兴建一所顶级大学，将个人悲情升华为国家和人类的宏图大业，这难道不是惊天地、泣鬼神的故事吗？

1891年10月1日斯坦福大学正式开学之时，有555名学生入学，大大超出之前的预料，让那些预言没有人愿意到蛮荒之地读书的人大跌眼镜。百年来，斯坦福大学为全球培养的本科生、研究生和各类学者多达数十万人。

如果我们看看如下一组数据，就完全可以理解一粒爱的种子如何成长为整个人类的巨大财富。

迄今为止，斯坦福大学总共培养出 58 位诺贝尔得奖者、5 名普利策奖得主、27 位麦克阿瑟天才奖得主、3 位美国国家人文科学奖章得主、20 位美国国家科学奖章得主、2 位美国国家科技与创新奖章得主、277 位美国文理科学院院士、158 位美国国家科学院院士、104 位美国国家工程院院士、67 位美国医学研究所成员、32 位美国国家教育学院院士、51 位美国哲学会成员、7 位沃尔夫奖得主、3 位美国总统自由勋章获章者、56 位物理学会成员、2 位计算机语言学协会终身成就奖得主。这些荣誉当然只是斯坦福大学百年辉煌成就的一个缩影，绝非全貌。

斯坦福大学为什么能够培养出如此多的顶级人才？为什么能够成为硅谷以及全球创新者和追梦者的精神家园？硅谷著名的风险投资家约翰·多尔曾经如此描述硅谷："我们是新经济的基石，繁荣的摇篮，所有其他国家效仿的标杆，资本主义最纯粹的表现。"

一所大学能够有如此成就和声望，算是无以复加的辉煌和荣耀了。斯坦福夫妇当年播撒的大爱之种，能够开出如此灿烂的鲜花，结出如此丰硕的果实，他们应该是心满意足了。斯坦福大学不仅仅是加利福尼亚州乃至全美国创业者和创新者的圣地，而且是全世界创业者和创新者朝拜的圣地。从这个意义上说，斯坦福夫妇创造了人类历史的伟大奇迹。

奇迹的产生，源自斯坦福夫妇的人间大爱和企业家精神，源自斯坦福大学独特的校训和校风。斯坦福大学首次开学典礼上，斯坦福先生告诉学生："生活归根到底是实际的，你们到此是为自己谋求一个有用的职业。它包含着创新、进取的愿望，良好的设计和最终使之实现的努力。"

人们认为，斯坦福先生这番话将务实、创新和创业的基因深深植入大学的基因中，代代相传，造就了硅谷日新月异的神话。创业和创新不仅仅需要崭新的思想理论和技术发明，更需要坐言起行的实干精神和不达目的誓不罢休的坚韧意志。世界上有许多大学在人类思想、科学理论和技术发明方面创造出极其辉煌的成就，至少与斯坦福大学一样辉煌；许多大学在纯粹思想和理论方面的成就和贡献比斯坦福还要大得多（譬如哈佛大学、剑桥大学、柏林洪堡大学等）。为什么这些大学没有成为一个国家或全球性商业创新的中心呢？这恐怕与这些大学缺乏斯坦福大学独特的务实基因有很大关系。

我们并不是说，注重实干和创业比注重思想和理论创造要重要，我们只是为了探求为什么斯坦福大学会孕育出一个硅谷。与人的成长一样，任何组织和机构的基因至关重要。正如美国大文豪和思想家爱默生所说，任何制度和机构都是某个人的影子，因为是人的灵魂和精神决定了制度和机构的灵魂和精神。斯坦福夫妇的人间大爱和企业家精神就是斯坦福大学的基因，是这所世界一流大学的灵魂。

今天的中国正在讨论和规划建造世界一流大学，我们首先需要思考每一所大学的灵魂和精神到底是什么。灵魂和精神不能仅仅停留于口号，而要具体到个人的行为和创造。斯坦福大学之所以拥有这样的灵魂和精神，是因为大学的基因源自斯坦福夫妇实实在在的人生故事和生命体验，并不仅仅是他们作为创始人讲了一些鼓舞人心的话。

任何人听到斯坦福夫妇的人生故事，体会他们的行为所彰显的人间大爱和企业家精神，都会受到极大的震撼，引发深深的思考。任何最深刻的思想启示和最持久的精神激励都必然来自具体生动、真实感人的生命故事，不是来自那些枯燥的说教和教条式的口号。正如基督徒永远会从耶稣那极其生动感人的故事里得到最亲切、最深刻的启示，穆罕默德的生命传奇永远是穆斯林最直接、最亲切的灵感源泉，中国人正是通过阅读孔子的《论语》而感受到一个鲜活的圣哲生命，从而激励自己见贤思齐。

从这个意义上说，创建大学和组织机构最好以某个具体的伟大人物的事迹、思想和精神作为基石。美国许多大学和研究机构的创设要么是源自某个伟大企业家的捐助，要么是为了纪念或致敬某个伟大人物，这正是其优势所在。因为到这所大学学习或到这个机构工作的人，立刻就可以有一个精神的榜样、灵魂的寄托和灵感的来源。西方许多大学和机构的办公楼多以伟大人物或捐助者来命名，这不仅是体现对历史和个人的尊重，而且是激励后来者的最佳办法。中国要创办世界一流大学，这些经验都值得虚心学习和借鉴。

斯坦福大学的校训里有这样一句话："让自由之风吹拂"。我以为这句话不仅简洁生动地概括了斯坦福大学的校风和学风的精髓，而且应该成为全人类所有大学的榜样。

这句校训激励我们深刻思考大学的本质。我们为什么需要大学？大学最伟大、最重要、最本质的功能究竟是什么？是训练思想和意识完全统一的"机械人"吗？是制造唯命是从、唯唯诺诺的跟随者吗？是造就精致的利己主义者吗？是造就崇尚官本位、善于钻营投机的官僚分子吗？还是造就崇尚自由思想、独立精神、个性张扬，富有创新精神、富有想象力的各类创新人才？大学究竟是一个培养和训练就业者的场所，还是一个启迪人生智慧、开拓生命视野、提升人生境界、创造人类思想的精神家园和灵感源泉？这些问题的答案看似简单明了，然而却经常被人们漠视、歪曲和否决。

大学者，非大楼之谓也，乃大师之谓也。唯有弘扬自由精神和独立思想，大学才能成为大师云集之地，才能成为大师层出不穷之地，才能成为天才怪杰风起云涌之地。

1820 年，德国伟大的科学家、教育家和政治家洪堡创办柏林洪堡大学，确定"独立之精神，自由之思想"为立校之本。我国著名学者陈寅恪曾经游学柏林洪堡大学，将"独立之精神，自由之思想"奉为一切学术研究的根本要求，并宣称舍此绝无真正的学术研究。

秉持独立精神和自由思想为大学的根本宗旨，才能创造真正的奇迹和真正的大师。柏林洪堡大学如此，斯坦福大学如此，美国和世界上那些真正富有想象力和创造力的大学皆如此。

第九章

极致创造：摩尔定律、贝尔实验室和英特尔

摩尔定律其实并不是一个真正的定律。摩尔定律之所以持续发挥作用，是因为每天每时每刻，全世界数十万人——包括科学家、设计者、磨具制造者、抛光工程师、储蓄设计员、英特尔职员——正全力以赴，充分发挥他们的想象力和能量，将摩尔定律的预测不断转化为现实，不断推向前进，每天都进步那么一点点，持之以恒。

——迈克尔·马隆，硅谷研究者，

《三位一体：英特尔传奇》作者

独一无二的英特尔：信息科技时代最重要的公司

今天，闪耀世界的硅谷企业和企业家的名字是脸书、谷歌、苹果、特斯拉、扎克伯格、佩奇、布林、乔布斯、马斯克……一般人似乎不太记得英特尔、诺伊斯、摩尔和格鲁夫了。江山代有人才出，各领风骚"多少"年。新陈代谢、创造性毁灭、长江后浪推前浪，正是硅谷创新活力的生动体现。

然而，回顾历史，很多人可能都会同意，英特尔公司半个多世纪充满传奇的发展历史，蕴含了硅谷之所以成为硅谷的全部基因和遗传密码。英特尔公司在很大程度上代表了硅谷之所以成为硅谷的全部精神、理想和情怀。

英特尔首先代表了硅谷令人头晕目眩的先进科技，硅谷之所以成为硅谷正是因为英特尔公司创造了现代的硅科技产业——芯片产业，它将硅科技产业推到极致。

英特尔是硅谷历史上第一家真正由风险投资创立的企业，他的第一位创始人诺伊斯开创了独特的硅谷企业文化——开放，包容，无层级组织，不穿西装，憎恨官僚习气，憎恨炫富，废除等级观念。英特尔的第二位创始人戈登·摩尔则为硅谷和整个人类信息科技时代的飞速发展确立了一个令人难以置信的速度。著名的摩尔定律成为有史以来人类科技发展进程中最精确的预言。摩尔代表着硅谷的科技精神——精益求精，毫不妥协，追求极致。美国著名发明家、计算机和人工智能领域的思想家和预言家库兹韦尔认为摩尔定律是人类科技加速增长定律的典范。

将英特尔推向世界产业巅峰的格鲁夫则成为硅谷和全世界企业家的完美典型和极端代表人物。"唯有偏执狂才能生存"，这一著名格言使胆小者闻而生畏，让所有企业家为之肃然，让人们顿时感受到硅谷和整个美国科技企业界殊死搏斗的竞争氛围，也让人们认识到赢者通吃的残酷生存法则。格鲁夫代表了永无止境、追求完美、将不可能变为可能的企业家的典型。正如《三位一体：英特尔传奇》一书的作者迈克尔·马隆所说，诺伊斯是圣父，摩尔是圣灵，格鲁夫是圣子，三者合为一体，创造了硅谷和全世界独一无二的科技奇迹。①

英特尔是硅谷独一无二的标志。硅谷这个名词的起源直接源于英特尔公司所开创和主导的半导体和集成电路。今天所有人都在谈论数字信息科技时代，谈论第三次、第四次、第五次工业革命，谈论人工智能革命。新工业革命的核心是什么？本质上就是数字终端日益强大的计算能力。

移动互联网、物联网、云计算、大数据、无人驾驶交通工具、机器人、人工智能、3D打印、增强现实、虚拟现实、网络租车、网络购物、网络租房、远程教育、个性医疗、基因测序、基因编辑……所有新工业革命的一切新领域、新产品和新服务，无不基于智能终端（计算机、智能手机、平板电脑、可穿戴设备等）的强大计算能力和信息处理能力。智能终端的计算能力和信息处理能力则取决于内置芯片的运转速度。

易言之，新工业革命令人眼花缭乱的一切新产品和新服务之所以成为现实，最终都必须取决于英特尔公司所发明和完美实现的摩尔定律。今天，已经有人说摩尔定律走到了极限。英特尔公司和它的竞争对手却在夜以继日地寻找新的材料和新的工艺，以便让摩尔定律继续发挥作用，推动整个数字信息时代的高速列车继续超高速前行。凭借英特尔公司在信息科技领域的独特地位，谁能够否认英特尔是人类数字科技时代最重要和最伟大的公司？

---

① Michael S. Malone, *The Intel Trinity: How Robert Noyce, Gordon Moore, and Andy Grove Built the World's Most Important Company.* Harper Business. 2014, p.ix–xviii.

今天，我们每个人都愉快地使用智能手机进行网上冲浪，刷微博微信，下载电影电视，传送精美图片，进行网络购物、理财、交友、求职、创业……越来越多的人类活动实现网络化、信息化、智能化。我们将其视为理所当然，习以为常。当我们享受信息科技给我们创造的无穷便利时，很少有人会思考一个基本问题：信息时代和智能社会如何成为可能？信息时代和智能社会的动力之源是什么？

答案是：微处理器或中央处理器。微处理器或我们通常所说的芯片是整个信息时代和智能社会的发动机，正如发动机是汽车、飞机、轮船、航母等一切工业社会关键设备的心脏一样。如果说发动机的制造及其相关科技是工业社会技术系统皇冠上的明珠，那么，芯片的制造及其相关技术就是信息社会整个技术系统皇冠上的明珠。摘取并长期拥有这颗明珠的公司就是英特尔。

自 1968 年成立以来，英特尔以 90% 的市场占有率，始终占据全球最高端芯片市场的垄断地位。几乎所有企业家都承认，英特尔是信息时代最重要的公司，也是信息时代最伟大的公司。半个世纪来，英特尔将芯片技术发展到令人叹为观止的程度。设想一下，今天将全世界所有计算机中的英特尔芯片抽掉，信息时代将几乎完全停摆甚至崩溃。

英特尔所创造的技术和商业奇迹正是整个硅谷技术和商业奇迹的典型缩影。如果说：

天才的科学家、工程师、设计师 + 天才的企业家和市场营销人才 = 硅谷的科技和商业奇迹

那么，英特尔的传奇就是这个公式的完美演绎。它拥有全世界最优

秀的科学家和工程师，英特尔从一开始就是一个以科学家和工程师为主导的科技公司。今天英特尔拥有遍布全球超过 11 万名员工（截至 2016 年），85% 是科学家和工程师，它每年投入的研发费用超过 100 亿美元，它的整体技术能力始终超越竞争对手三代甚至五代，这简直就是不可思议的奇迹。

摩尔定律：人类创造力和创新精神的极致体现

2016 年，华为创始人任正非在全国科技创新大会上的发言中说："华为正在本行业逐步攻入无人区，处于无人领航、无既定规则、无人跟随的困境……创立引导理论的责任已经到来。"

任正非还说："随着逐步逼近香农定理、摩尔定律的极限，面对大流量、低延时的理论还未创造出来，华为已感到前途茫茫，找不到方向。华为已前进在迷航中。"

作为世界第一大通信设备制造商的掌门人，将人类信息科技时代的"前途茫茫"归结于我们正在接近香农定理和摩尔定律的极限，充分说明两大定律的极端重要和深入人心。

香农定理和摩尔定律被称为信息科技时代的两大理论支柱。前者揭示了信息传输的基本原理，后者则揭示了芯片（包括所有计算机芯片、智能手机、智能终端芯片和处理器）的运算速度（芯片中集成的晶体管数量）与芯片成本之间的关系。简言之，摩尔定律就是：单个芯片所集成的晶体管数量每 18 个月翻一番，同时成本降低一半！

1965 年 4 月 19 日，就职于仙童半导体公司的年轻化学博士戈登·摩尔在当时并不著名的《电子学》杂志上发表题为《向集成电路里嵌入更多组件》的文章。摩尔压根儿没有想到这篇临时赶稿的文章，会成为他一生中最持久的成就，名垂青史。

摩尔定律源自该文章的一张简单图表：x 坐标表示年份（摩尔当时标注是从 1959 年到 1975 年），y 坐标表示单个集成电路所集成的组件（晶体管）数量的对数。

摩尔后来回忆说，原本 y 坐标直接用单个集成电路的组件个数，他发现单个集成电路所集成的组件数量增长如此之快，以至他不得不采用对数形式才能勉强画出二者关系的图表（如果用简单的组件数量，图表立刻将会变成一条近似直线）。

图表画成的那一刻，摩尔灵光一闪，挥笔写道："假若设定集成电路的最小组件成本不变，那么，该集成电路的复杂性将以大约每年翻一番的速度增加。我十分肯定，短期内这个增长速度一定会持续下去，如果不是继续增加的话。长期而言，增长速率具有一定的不确定性，尽管我们没有任何理由怀疑至少在 10 年内此增长速度会持续下去，或保持恒定。这就意味着，到 1975 年，以最小组件成本所制造的单个集成电路，其内嵌的组件数量将达到 65000 个。"[1] 著名的摩尔定律由此诞生。

正如任正非先生所描述的那样，摩尔定律主导了或者说异常精准地预测了过去 50 多年来集成电路功能和成本的演化规律，从而成为人类信息科技时代最简洁、最精确的宣言书。

众所周知，集成电路的功能、运算速度、成本决定了信息科技时代每一个产品和服务的功能和成本，从消费电子、微型计算机、个人计算机、服务器、内置智能处理系统、互联网、无线通信、智能手机、基因测序、个性医疗、可穿戴设备、机器人、人工智能、虚拟现实、增强现实、物联

---

[1]　Michael S. Malone, *The Intel Trinity: How Robert Noyce, Gordon Moore, and Andy Grove Built the World's Most Important Company.* Harper Business. 2014, p.110.

网、比特币和金融区块链等，无所不包。半个多世纪以来，信息科技时代的发展步伐竟然完全遵从了摩尔定律的预言。

今天，最普通的智能手机和个人计算机的运算处理能力至少是摩尔定律刚刚发明时计算机处理能力的数千倍或数万倍。今天孩子们玩耍的普通电子玩具内置芯片的处理能力都远远超过了摩尔定律发明时所有芯片处理能力的总和，单个记忆芯片的存储能力已经达到或超过 1 万亿比特字节！

人类历史上没有哪个领域的科技进步曾经以摩尔定律所预测的速度风驰电掣般前进。有人试图做类比计算，假若汽车的创新速度遵从摩尔定律，那么 10 年时间里，汽车将以每小时 800 千米的速度飞驰，能耗降低到每加仑行驶 320 千米，汽车整车成本降低到 1.5 美元一辆！将摩尔定律应用到任何其他产业领域都将给出不可思议的荒谬结果，然而，摩尔定律竟然在集成电路或电子信息科技领域得到完美的展现。这绝对堪称人类科技史或整个经济史上的一大奇迹。

最奇特的地方还不在这里。

最为奇特的是，摩尔定律根本就不是一个定律！它没有任何所谓客观的科学基础，戈登·摩尔根本就不是从任何科学假设或实验数据里推导出的一个客观定律。相反，摩尔只是将 1957 年（半导体诞生之日）至 1965 年半导体或集成电路的历史发展数据简单计算，然后将过去数年的经验规律（如果说那也算一个规律的话）大胆预言到未来 10 年（摩尔也只敢预言到 1975 年，尽管他后来多次修改他的预言，将摩尔定律继续朝未来推进）。然而，就是这样一个纯粹凭经验推测未来的所谓定律，却真的精准无误地预测了集成电路和整个信息科技时代长达半个世纪之久的发展历程，而且有可能继续准确预言数十年的发展历程，这究竟是怎么回事呢？

《三位一体：英特尔传奇》的作者迈克尔·马隆说：

摩尔定律所带来的人类生活转型是如此巨大、如此持久,一个基本原因竟然是:摩尔定律其实并不是一个真正的定律。戈登·摩尔本人就多次提醒人们注意这个基本事实。相反,摩尔定律与其说是一个科学定律,倒不如说是一个社会契约,是半导体行业和全世界达成的一个协议。半导体行业承诺尽可能持续将行业的发展维持在摩尔定律所说的轨道上,其他行业则承诺为半导体行业的令人窒息的惊人成就买单。摩尔定律之所以发挥作用,并非它是半导体行业的一个内在规律。相反,如果明天早晨世界上那些芯片巨头决定停止推进技术进步,那么明天晚上摩尔定律就会宣布破产。未来数十年时间里,人们将会为应对摩尔定律破产所引发的后果忙个不停。

简言之,摩尔定律之所以持续发挥作用,是因为每天每时每刻,全世界数十万人——包括科学家、设计者、磨具制造者、抛光工程师、储蓄设计员、英特尔职员——正全力以赴,充分发挥他们的想象力和能量,将摩尔定律的预测不断转化为现实,不断推向前进,每天都进步那么一点点,持之以恒。

人们很难完全理解,激励和推动英特尔公司成为世界最重要公司(相当一段时间内也是世界最值钱的公司)的内在动力,并不仅仅因为这个公司是摩尔定律发明者的"娘家",而且是因为自从它创立之日起,英特尔公司就决心成为这个定律的实践者或诺言的坚定履行者。无论公司处于顺境还是逆境,宁愿公司灭亡,也要拼命实现摩尔定律的诺言。[1]

---

① Michael S. Malone, *The Intel Trinity: How Robert Noyce, Gordon Moore, and Andy Grove Built the World's Most Important Company.* Harper Business. 2014, p.113–114.

贝尔实验室的传奇

英特尔的发展历程见证了硅谷历史上最富戏剧色彩的一幕活剧，它的诞生和发展足以见证硅谷的奇迹。英特尔的起源首先要追溯到 20 世纪全球最著名的企业研究所——美国电话电报公司的贝尔实验室和最具争议性的物理学家、诺贝尔奖得主威廉·肖克利，当然还有迄今为止唯一两次荣获诺贝尔物理学奖的约翰·巴丁。

与其他著名的美国企业研究所一样，贝尔实验室的创立及其辉煌的历史成就从另一个侧面展示了美国独特的科技创新能力，雄辩地说明了为什么 20 世纪以后的美国一直雄踞全球科技和商业创新之巅。

1907 年，美国电话电报公司经历了一场危机。公司创始人亚历山大·贝尔的专利已经过期，公司对电话业务的垄断地位已经开始土崩瓦解。为应对危机，公司召回已经退休赋闲在家的前任总裁西奥多·维尔来重整公司。为恢复生机，维尔决定实施一个大胆计划——建设连通纽约和旧金山的长途电话系统。这在当时是令人难以置信的重大工程，它不仅需要工程技术的重大创新，而且需要纯科学理论的重大突破。

在维尔的领导下，历经 8 年奋战，1915 年 1 月，纽约和旧金山之间的洲际长途电话终于开通，见证这个历史时刻的人包括当时的美国总统伍德罗·威尔逊和美国电话电报公司创始人亚历山大·贝尔。洲际长途电话的开通证明纯科学研究和工程技术紧密结合的极端重要性，贝尔实验室应运而生。

贝尔实验室起初坐落于纽约曼哈顿、能够俯瞰哈德孙河的格林威治村。贝尔实验室将理论物理学家、材料科学家、冶金学家、工程师甚至美国电话电报公司公司内部的极地探险家都汇聚到了一起。同美国其他著名的企业研究所一样（譬如施乐帕克研究中心以及其他众多企业研究机构），贝尔实验室开创了全新的科技创新体制。它充分说明，不同学科领域的天才人物汇聚到一起，能够每天近距离接触，一起购物、休闲、喝咖啡，参加各种各样的研讨会和随时随地的辩论，必然能够产生持续的科技创新和发明。

贝尔实验室创办以来所取得的惊人成就超过了许多国家。

20 世纪 20 年代，贝尔实验室发明了控制表（奠定了统计过程控制基础）、同声电影、电视图像传输。

20 世纪 30 年代，贝尔实验室发明了射线天文学、立体声录音、语音合成器，发现电子衍射（荣获 1937 年诺贝尔物理学奖）。

20 世纪 40 年代，贝尔实验室的主要成就包括发明光伏电池、晶体管、计算器与计算机，诞生香农的信息论。

20 世纪 50 年代，贝尔实验室发现区域熔炼方法、太阳能电池、越洋电缆、电子音乐播放程序、计算机网络设计的革命性算法——贪心算法（greedy algorithm），并第一次描述激光。

20 世纪 60 年代，贝尔实验室发明金属—氧化物—半导体场效应晶体管（大规模集成电路的基础）、二氧化碳激光，发现宇宙微波背景辐射（荣获 1978 年诺贝尔物理学奖）、正交频分复用技术（无线通信的关键技术）、UNIX 操作系统、CCD 图像传感器（荣获 2009 年诺贝尔物理学奖）。

20 世纪 70 年代，贝尔实验室发明 C 语言（发明者丹尼斯·里奇），首次测试光纤系统，发明了第一个 32 位单片微处理器。

20 世纪 80 年代，发明 TDMA（时分多址）和 CDMA（码分多址）并获得专利，发现分数量子霍尔效应（荣获 1998 年诺贝尔物理学奖），发明 C++ 语言和激光冷却技术。

20 世纪 90 年代，贝尔实验室发明 WLAN（无线局域网）、56K 调制解调器，制造出最小实用晶体管（60 纳米）和光路由器。

2000 年后，贝尔实验室发明 DNA 计算机和第一个电能有机激光装置。

上述成绩可谓惊世骇俗。贝尔实验室的辉煌历史还充分证明了科技创新是一个持续积累和不断改进的艰难过程，而并非完全是少数天才科学家和工程师的灵光一闪。灵光一闪绝对重要，那闪耀的灵光往往来自长期艰苦的思考和实验。譬如，晶体管的发明就是源自对真空管的改进。当年贝尔实验室真空管研发部门的负责人是物理学博士默文·凯利（Mervin Kelly），导师是美国著名物理学家、芝加哥大学教授、美国第一个诺贝尔物理学奖得主罗伯特·密立根（Robert Millikan）。真空管最主要的缺陷是极易发热，功能不稳定。凯利发明了一个水冷系统，提高了真空管的可靠性。到 1936 年，凯利认识到真空管永远不会是可靠的电流转换和放大器。那时凯利已经被提升为贝尔实验室的研究主管，他决心找到真空管的替代产品。

正如《创新者》一书的作者沃尔特·艾萨克森所说，凯利远见卓识，认为贝尔实验室同样应该专注于基础科学和理论研究，那通常是大学的领地。贝尔实验室一直以来是专注于应用研究的工程师们的集聚地。凯利开始面向全国招聘最优秀的物理学博士。他的理想是要将创新活动改造成为工业企业或组织能够持续开展的日常工作，而不仅仅靠少数怪异天才在自家车库或阁楼捣鼓出来。[1]

---

[1] Walter Isaacson, *The Innovators: How A Group of Hackers, Geniuses, and Geeks Created the Digital Revolution.* Simon & Schuster, 2014, p.133.

凯利的创造性构想是人类科技创新史上的创举。有组织的科学研究、发明创造和创新活动，正是 20 世纪人类科技创新飞速进步的关键原因。

贝尔实验室的伟大创举提出了一个重要问题：创新和发明的秘密究竟是个人的天才还是集体的协作？答案当然是二者必须兼具。有人强调个人的天才闪耀，有人强调团队的集体协作。

坚信天才胜于一切的晶体管发明人肖克利晚年也说，一项伟大的发明往往是多个科学领域里的众多科学家将他们不同的才智汇聚到一起，开辟出所有必要的研究路径，最终才能发展出一项崭新的科技成果。当然，肖克利比任何人都更加相信天才的巨大作用（正如他自己就是一个天才一样）。

贝尔实验室的研究主管凯利认为天才可能更加重要。他说："无论你如何强调领导力、组织和团队协作，天才永远具有最高的重要性，无法超越。创造性的思想和概念只能来自个人的灵机一动和灵光闪耀。"[1]

如果我们仔细追溯历史上那些划时代的科学思想和发明创造，那些伟大科学天才的灵机一动和灵光闪耀往往令人惊叹不已、难以捉摸。牛顿为什么能够想出万有引力定律——任何物体之间的引力与物体的重量成正比，与二者之间距离的平方成反比？他怎么想到的是距离的平方而不是立方或四次方？

当然，我们可以说，牛顿之前的天文学家已经积累了大量观测数据，他正是通过仔细研究比较那些经验数据才想到万有引力定律。然而，为什么是牛顿而不是其他人突然想到万有引力定律的奇妙公式呢？可能更多人会相信那是天才的神来之笔，并非数据整理者的逐渐感悟。

---

[1] Walter Isaacson, *The Innovators: How A Group of Hackers, Geniuses, and Geeks Created the Digital Revolution.* Simon & Schuster, 2014, p.134.

正如埃德蒙·哈雷为牛顿所写的著名颂歌《致人杰》那样："因为借自天才的羽翼，我们能进入神的居室，并且升入高高的天空。凡夫俗子啊，起来！抛掉俗念；并由此认识天赐的智力，它更远离畜群的生活……你们，啊！饮天神美酒的人，来和我一起歌唱牛顿的名字，他打开了隐藏真理的宝匣。牛顿，缪斯垂青的人，阿波罗居住在他纯洁的心中，他充满了神力；比任何一个凡人更接近神。"

从牛顿到法拉第、麦克斯韦、普朗克、爱因斯坦、玻尔、海森堡、薛定谔、狄拉克、杨振宁等都是如此。我们难以理解他们那些天才的想法究竟来自哪里。法拉第如何能够发明电磁场的概念？场的概念无疑是整个科学史上最具创造性的概念之一；麦克斯韦如何能够写出电磁学方程式，那是科学史上最优美的数学方程式之一；普朗克如何会想到热体辐射应该遵循那个著名的公式？他如何得到著名的普朗克常数——自然规律最基本的常数之一？海森堡和薛定谔各自发现了描述量子运动的不同数学形式，结果发现二者竟然完全等价！最奇特的当然还是爱因斯坦的相对论。人们至今依然为爱因斯坦的天才推想深深着迷和困惑，他如何会想到那个著名的质能转换方程，如何能够想到广义相对论的引力与惯性等价以及光线弯曲？

天才的创造机制永远最吸引人，它和我们理解和创造一个激发天才的环境同样重要。

人类历史如果没有那些突然冒出来的绝世天才，将是多么黯淡无光和了无生机。当今世界面向未来，任何国家、任何民族都应该深思这个基本问题，即如何创造一个恰当的教育、文化和社会环境，能够让天才辈出，精英荟萃，让创造和创新的洪流如江河奔腾，日新月异。

人类创新和创造的历史（包括贝尔实验室的历史）阐明了一个基本道理，孕育绝世天才和激励团队合作能够并行不悖、相得益彰。整个信息科技革命时代，我们既见证了少数思想天才的灵光闪耀，如独立发明第一台计算机的约翰·莫奇利（John Mauchly）、发明晶体管的肖克利，也见证了少数技术天才埃克脱（Presper Eckert），肖克利的合作伙伴沃尔特·布拉顿（Walter Brattain），乔布斯的合作伙伴沃兹尼亚克。之后，长袖善舞的企业家带领无数的工程技术人员和市场营销人员将天才的思想和工程设计变成大众消费的产品。

因此，人类的创造、创新、创业和整个商业（产业）的发展本质上是一个生态体系的演化。失去了任何一个关键因素，如天才的科学家、工程师、精明的企业家、市场营销奇才以及无数优秀员工，这个生态体系就将失去生机和活力。

正如艾萨克森所说："孤军奋战的查尔斯·巴贝奇和约翰·阿塔纳索夫（John Atanasoff），他们的伟大思想和创意最终孤冷地待在历史的地下室。没有了充满激情和创意无限的天才，任何机构或组织的创新力就开始江河日下，就好比没有莫奇利的宾夕法尼亚大学、没有冯·诺依曼的普林斯顿大学、没有肖克利的贝尔实验室那样。"[1]

贝尔实验室的科学家发明晶体管的传奇故事，说明了基础科学理论的革命如何导致应用技术的重大创新。

晶体管被广泛认为是 20 世纪最重要的发明之一，正是晶体管的发明开启了信息技术革命和信息时代。晶体管的发明则直接源自 20 世纪物理学最伟大的革命性突破——量子力学。

人类历史往往就是那样奇妙，风云际会的故事经常发生在人类活动的所有领域。正当贝尔实验室的冶金学家和工程师为寻找真空管的替代产品而苦

---

[1]　Walter Isaacson, *The Innovators: How A Group of Hackers, Geniuses, and Geeks Created the Digital Revolution.* Simon & Schuster, 2014, p.134.

苦思索和反复实验之时，量子力学的发展正走向其辉煌的巅峰时期。量子力学为人类理解物质的微观结构开辟了全新视角。首先是普朗克从黑体辐射的研究中提出量子假说，然后是爱因斯坦从光电效应的研究中提出光量子假说，紧接着是 1913 年玻尔提出著名的原子结构模型。10 多年后，海森堡和薛定谔分别发明矩阵力学和波动函数来解释量子的运动规律。到 20 世纪 30 年代，物理学家已经完全掌握了基本粒子（电子、中子、质子）的运动规律。

对晶体管发明尤为重要的是玻尔 1913 年提出的原子结构模型。玻尔的原子结构模型类似太阳系，拥有特定能量级的电子沿着特定轨道围绕原子核运动。电子可以从一个特定轨道量子跃迁到另一个特定轨道，却不可能处于两个轨道之间的任何位置。一个元素的化学和电子特性——譬如该物质的导电性能——由该元素原子结构外层轨道的电子数量决定。

根据导电性能的强弱，我们可以将所有物质区分为导体、绝缘体和半导体。譬如铜就是非常好的导体，而硫则是绝缘体。半导体的巨大用途就在于其导电性可以被控制。人们可以设计各种精巧的装置，将半导体改造成为控制电流的开关或转换器。晶体管正是基于半导体原理的电子器件，能够实现检波、整流、放大、开关、稳压、信号调制等多种功能。

贝尔实验室创办者的远见卓识就在于将理论物理学家、实验物理学家和工程师汇聚到一起，让理论和实验相互碰撞、相互刺激、相互启发。贝尔实验室寻找真空管替代产品的研究小组（或晶体管发明小组）被小组成员、诺奖得主沃尔特·布拉顿誉为"或许是有史以来最伟大的研究团队之一"。团队主要成员肖克利、布拉顿和巴丁皆是固体电子领域的顶尖专家，各有专长。

肖克利天资聪颖，被誉为少年天才（虽然 IQ 测试只有 120 分），父母皆是顶级人物。肖克利父亲毕业于麻省理工学院，主修采矿工程，通晓 7

门语言，遍游欧亚大陆，从事探险和矿产资源投机活动；母亲毕业于斯坦福大学，主修数学和艺术，曾经独自登顶惠特尼山，同样极富冒险精神。

肖克利天性倔强，个性怪异，脾气冲动暴躁，好胜心极强，从不迁就他人。他先后就读加州理工学院和麻省理工学院，获得固体物理学博士学位。他思维犀利，野心勃勃，极富创造性，是晶体管发明小组的头号理论家。他尤其具备一种特殊能力，即能够将深奥的量子理论形象化。他用量子理论解释电子运动就好像舞蹈艺术家形象化地指导舞蹈演员的舞步那样。肖克利的同事甚至将他这种特殊能力完全神化，认为肖克利能够透视半导体材料，清楚地看到电子在如何运动。

如果说肖克利是一个魔术师般的理论物理学家，那么布拉顿就是一个魔术师般的实验物理学家。他天生善于发明各种新奇的实验，摆弄各种新奇的玩意儿，乐此不疲。当一个理论家（譬如肖克利）从理论上提出一个设想的时候，布拉顿能够立刻从直觉上判断该设想在实验中是否可行。正是肖克利理论上的直觉能力和布拉顿实验上的直觉判断恰如其分地结合到一起，伟大的科技发明才成为可能。

巴丁则是晶体管研发小组的另一位伟大理论家，也是迄今为止唯一两次荣获诺贝尔物理学奖的科学家。1956 年，他与布拉顿和肖克利因发明晶体管而分享诺贝尔物理学奖；1972 年，他因提出低温超导理论与 L. N. 库珀和 J. R. 施里弗因分享诺贝尔物理学奖。巴丁也是少年天才，中学曾经连跳 3 级。他毕业于常春藤名校普林斯顿大学，博士导师是大名鼎鼎的匈牙利籍美国物理学家尤金·维格纳。维格纳以提出原子核吸收中子的理论而享誉学界，他还发现固体在放射作用下改变其大小（维格纳效应）。他因巨大的学术成就而荣获 1963 年诺贝尔物理学奖。维格纳的一项重大成就是他最早设法劝说爱因斯坦告诫罗斯福总统，纳粹德国可能正在制造原子弹。

他还与费米一起研制出世界上第一座原子反应堆。

名师出高徒，巴丁被公认为世界上运用量子理论理解物质材料导电性能最伟大的专家之一。从半导体到超导体，巴丁对理论物理学和应用物理学均做出巨大贡献。他还具有一个优秀本质，即他非常谦和低调，平易近人。巴丁的同事称赞他"具有一种天生的亲和力，与实验家和理论家皆能相处愉快"①。

肖克利是贝尔实验室晶体管研究小组的领头人，开创性思想主要来自他的头脑。1936年肖克利从麻省理工学院毕业，贝尔实验室研究主管凯利邀请他加入贝尔实验室，使命就是寻找真空管的替代产品，且新产品必须更加稳定和廉价。经过三年的苦思和实验，肖克利坚信自己能够找到真空管的替代产品，办法就是用其他固体材料（譬如硅）来取代灯泡里面那种炽热发亮的灯丝。

1939年12月29日，肖克利在其研究日记里写道："今天，我完全确信，以半导体取代真空管来制作电流放大器在原则上是可能的。"②二战爆发，肖克利和贝尔实验室（以及美国几乎所有研究机构和大学）的研究人员全部转入军事技术和设备研究，为夺取胜利忘我工作。4年之后战争胜利，肖克利、布拉顿和巴丁回到贝尔实验室，重启4年前固体电子领域的研究课题。

二战改变了人类历史，同样改变了贝尔实验室。日本偷袭珍珠港、美国正式对日宣战之后，贝尔实验室承担了1000多项军事研究项目，从坦克

---

① Walter Isaacson, *The Innovators: How A Group of Hackers, Geniuses, and Geeks Created the Digital Revolution.* Simon & Schuster, 2014, p.140.

② Walter Isaacson, *The Innovators: How A Group of Hackers, Geniuses, and Geeks Created the Digital Revolution.* Simon & Schuster, 2014, p.137.

无线电装置、战斗机通信系统到密码破译技术，应有尽有。贝尔实验室的研究人员也猛增到 9000 人，总部从曼哈顿搬到新泽西的默里希尔。

肖克利重新点燃 5 年前已经接近成熟的理论，决心用固体材料取代真空管。他的基本理论可用一个词来概括：电场效应。肖克利设想，如果将一个强电场连接到一块半导体材料的平板上，那么强电场将把半导体材料里面的电子吸引到平板表面，从而让电流通过平板。果然如此的话，那么利用半导体的这个特性，我们就可以用非常小的信号来控制非常大的信号，以非常低能量的电流输入就能控制非常高能量的电流输出（开或关）。因此，半导体器件就可以用作电流放大器或控制电流的开关，正如真空管一样。

巴丁和布拉顿全身心投入实验工作，验证肖克利的想法是否可行。三个人几乎每天都围绕各种结果和可能性展开讨论，任何时候只要有新的发现或新的问题，他们随时就开始会议。

巴丁回忆说："从实验想法的提出到结果的分析，实验物理学家和理论物理学家之间的交流和碰撞贯穿研究的所有阶段。"[1]

布拉顿回忆说："任何时刻，只要有需要，我们就聚到一起讨论研究的每个重要步骤。我们绝大多数的想法都来自小组讨论，一个人的评论会激发出另外一个人的新想法。"[2]

起初并不顺利，实验结果与肖克利设想的电场效应并不符合。好在他们三个人没有气馁，尤其是巴丁和布拉顿锲而不舍，不断改进或尝试各种实验，终于迎来 1947 年 11 月的"奇迹之月"，一系列重大突破连传捷报。

---

[1] Walter Isaacson, *The Innovators: How A Group of Hackers, Geniuses, and Geeks Created the Digital Revolution.* Simon & Schuster, 2014, p.140.

[2] Walter Isaacson, *The Innovators: How A Group of Hackers, Geniuses, and Geeks Created the Digital Revolution.* Simon & Schuster, 2014, p.140.

1947年11月18日，巴丁在研究日记里写道："这一系列实验已经确定，引入电极或电网就能控制半导体的电流。"①

1947年12月16日，巴丁和布拉顿终于成功制成了人类历史上第一个晶体管。布拉顿在回家的汽车上兴奋地告诉所有人："今天我做了一生中最重要的实验！"他还要求同车人承诺为他保密。沉默寡言的巴丁回到家里，只对正在厨房忙碌的妻子轻轻嘟囔了一句："今天我们发现了某种重要的事情！"②

1947年12月23日，作为研发小组负责人，肖克利组织其他半导体研究人员和贝尔实验室多位高管一起观看布拉顿和巴丁"新玩意儿"的现场演示。高管们戴上耳机，轮流对着麦克风讲话，以见证巴丁和布拉顿发明的看似极其简单的固体材料仪器如何能够放大自己的声音。

对于信息科技革命和信息时代而言，1947年12月23日是一个历史时刻，就像当年亚历山大·贝尔首次从电话线那一端传递出清晰的声音，只不过谁也不记得12月23日大家都说了些什么。布拉顿当天的研究日记里写道："通过调节仪器（开或关），我们就能听到大小完全不同的声音。"③从二战之前算起，晶体管的发明历经了8年多的时间。1947年12月23日的那一刻，宣告真正的信息时代或硅谷时代即将来临。

---

① Walter Isaacson, *The Innovators: How A Group of Hackers, Geniuses, and Geeks Created the Digital Revolution.* Simon & Schuster, 2014, p.143.

② Walter Isaacson, *The Innovators: How A Group of Hackers, Geniuses, and Geeks Created the Digital Revolution.* Simon & Schuster, 2014, p.144.

③ Walter Isaacson, *The Innovators: How A Group of Hackers, Geniuses, and Geeks Created the Digital Revolution.* Simon & Schuster, 2014, p.145.

第十章

创新的秩序：互联网是怎么诞生的

一切新产品和新工艺都不是突如其来、自我发育和生长起来的。它们皆源自新的科学原理和科学概念。新科学原理和科学概念则必须来自最纯粹科学领域持续不懈的艰难探索。如果一个国家最基础的前沿科学知识依赖他人，其产业进步必然异常缓慢，其产业和世界贸易竞争力必然极其孱弱。

——万尼瓦尔·布什，麻省理工学院著名科学家人类创新历史昭示了一个基本规律，那就是划时代的科技和产业创新必定源自划时代的思想创新。唯有创新的思想才能激发创新的技术、产品和服务，思想创新的重要性高于一切。正如伟大的法国科幻作家儒勒·凡尔纳（1828—1905）所说，凡是人能想到的，必有人能实现。

互联网和人工智能就是划时代的科学思想。开启人工智能的科学思想巨人主要是控制论奠基人维纳、麻省理工学院的著名科学家麦卡锡和马文·明斯基。开启互联网时代的思想巨人主要是麻省理工学院的两位伟大人物：科技全才和信息时代的"教父"万尼瓦尔·布什和人机共生理论的奠基人利克莱德。

万尼瓦尔·布什和他的划时代报告

人类历史上的许多伟大创新都与人类活动的组织和制度创新紧密相关，或者说，创新都铭刻着深刻的组织和制度印记。组织和制度创新激发和实现技术创新的经典案例就是互联网的发明。

互联网正是美国军事—产业—学术"铁三角"组织和制度创新的产物。构建这个铁三角组织的核心人物就是美国教育、科学和产业历史上的传奇人物——万尼瓦尔·布什。布什也是个人计算机时代的主要思想家和先知，我们在讨论个人计算机时代的起源时，多次提到他的经典论文《诚如所思》。

麻省理工学院前校长杰尔姆·威斯纳（1971—1980 年任麻省理工学院校长）曾经宣称："没有谁比布什对整个美国的科学和技术进步具有更大的影响！他最重要的创新就是实施一项军事订货计划，将军事需要、大学科研和产业实验室完整结合起来，而不是去创建政府实验室。"①

布什是麻省理工学院著名教授，1931 年他发明了早期的模拟计算机。他不是一般的学院派教授，而是纵横学术、产业和政府多个领域的创新者。他是麻省理工学院工程学院院长，是著名电子军工企业雷神（Raytheon）的主要创始人，是二战期间美国军事科学管理部门的首席人物。他毕生拥有 49 项发明专利，也是一位具有卡里斯玛效应、果断干练的管理者。

麻省理工学院校长威斯纳如此评价布什："他是一位具有坚定信念的人，以巨大的热情阐释和实施自己的观点。然而，他又对自然的神妙莫测充满敬畏，他对人性的弱点富有温暖如春的宽容态度，始终以开放心态面对变革和新事物。"②

与历史上众多伟大的创新者一样，布什同时深深迷恋科学和人文，能够随意引用诸如英国伟大诗人吉卜林和波斯伟大诗人、科学家奥马尔·海亚姆（1048—1131）的作品。他会吹长笛，热爱交响乐，业余时间爱读哲学书。麻省理工学院和哈佛大学联合授予他电气工程博士学位，随即出任麻省理工学院教授和工程院院长。他年轻时就满怀理想和激情，决心提升科学和工程的社会地位，尽管美国那个时候在科学和工程领域里没有多少激动人心的事情发生。

第二次世界大战的爆发改变了一切。新科学和新技术层出不穷，突飞猛进，布什恰好担当了领导潮流的伟大角色。出于对美国军事科技可能停滞不前（当时主要的对手是纳粹德国）的深刻担忧，布什联合哈佛大学校

---

① Walter Isaacson, *The Innovators: How A Group of Hackers, Geniuses, and Geeks Created the Digital Revolution.* Simon & Schuster, 2014, p.217–218.

② Walter Isaacson, *The Innovators: How A Group of Hackers, Geniuses, and Geeks Created the Digital Revolution.* Simon & Schuster, 2014, p.219.

长詹姆斯·科南特（1893—1978）和其他科技界领袖，说服美国总统罗斯福创立美国国家国防研究委员会和美国军方的科学研究和发展局，布什是上述两个机构的创始负责人。

布什嘴里含着烟斗，手中拿着铅笔，直接指导和监督了著名的曼哈顿计划，成功制造了人类第一颗原子弹。他还负责领导美国军方雷达项目和防空体系的建设。1944年，美国《时代周刊》的封面文章称布什为"物理学将军"。布什曾经愤怒地用拳头猛击桌子，厉声宣称："要是10年前我们专注发展军事科技，我们就可能避免这场该死的战争！"[1]

二战临近结束时，罗斯福总统要求布什准备一份报告，倡导政府出资与大学和产业界合作，推动基础科学研究。1945年7月，布什的报告提交给了杜鲁门总统（罗斯福总统当年4月溘然长逝）。那是美国科学技术发展历史上划时代的重要报告。

布什为他的报告选择了一个充满美国精神和梦想的题目——《科学：没有止境的前沿》。报告序章的许多精彩论断早已成为传世经典："基础研究能带来新知识，为我们提供科学资本，创造出知识的实际运用所必需的资金宝库。"[2]

《创新者》一书的作者艾萨克森说："那些威胁要取消未来创新所需研究资金的政客们都应该重读一下布什的序章。"[3]

布什的这一著名报告提出了人类创新的线性模型，即基础科学研究

---

[1]　Walter Isaacson, *The Innovators: How A Group of Hackers, Geniuses, and Geeks Created the Digital Revolution.* Simon & Schuster, 2014, p.219.

[2]　Walter Isaacson, *The Innovators: How A Group of Hackers, Geniuses, and Geeks Created the Digital Revolution.* Simon & Schuster, 2014, p.219.

[3]　Walter Isaacson, *The Innovators: How A Group of Hackers, Geniuses, and Geeks Created the Digital Revolution.* Simon & Schuster, 2014, p.219.

是技术和工程创新之本，基础科学研究的突破必然刺激和开启技术和工程创新。

布什在报告中写道，第二次世界大战已经无可辩驳地向我们清楚地表明，基础科学（包括发现原子核、激光、计算机和雷达等物理学规律）"对国家安全绝对具有至关重要的意义"[①]。同时对美国的经济安全具有同等重要性。

布什报告里的一段话对任何国家，尤其对于今天致力于创新驱动发展、致力于创建国家创新体制和机制的中国而言，显得极具现实意义："一切新产品和新工艺都不是突如其来、自我发育和自我生长起来的，它们皆源自新的科学原理和科学概念。新科学原理和科学概念则必须来自最纯粹科学领域持续不懈的艰难探索。如果一个国家最基础的前沿科学知识依赖他人，其产业进步必然异常缓慢，其产业和世界贸易竞争力必然极其孱弱。"[②]

报告的结尾，布什以诗一般的语言和高亢的激情，赞美基础科学研究必然带来实用技术领域的巨大回报："基础科学研究的巨大进步一旦被付诸实践，就必然意味着更多的就业机会、更高的工资、更短的工作时间、更丰富的农产品，人们将有更多的闲暇时光来愉悦自己，从事学习和研究，人们将摆脱以往那令人窒息的枯燥单调的生活方式，以完全崭新的姿态和思维方式来学习如何规划和享受新生活！"[③]

布什的报告吹响了美国迈向伟大科技进步和美好生活的时代号角。

[①] Walter Isaacson, *The Innovators: How A Group of Hackers, Geniuses, and Geeks Created the Digital Revolution.* Simon & Schuster, 2014, p.220.

[②] Walter Isaacson, *The Innovators: How A Group of Hackers, Geniuses, and Geeks Created the Digital Revolution.* Simon & Schuster, 2014, p.220.

[③] Walter Isaacson, *The Innovators: How A Group of Hackers, Geniuses, and Geeks Created the Digital Revolution.* Simon & Schuster, 2014, p.220.

正是基于布什的报告，美国国会批准建立了美国国家科学基金会，成为美国联邦政府支持基础科学研究最重要的机构。起初，杜鲁门总统否决了国会创建国家科学基金会的法案，因为法案规定，国家科学基金会的主席由一个独立理事会任命，而不是由总统任命。布什最终说服了杜鲁门。

布什告诉杜鲁门总统，由一个独立理事会任命基金会主席能够避免总统受到那些寻求政治好处的人的干扰。杜鲁门对布什的政治敏锐性深感吃惊："万尼瓦尔，你应该成为一个政治家，你拥有政治家的直觉和本能。"布什回答："亲爱的总统先生，这有什么稀奇，难道你不知道我已经在华盛顿这个政治圈里混迹了五六年了吗？"[1]

布什的伟大感召力直接催生了美国"军事—产业—大学"三位一体的"铁三角"创新机制。数十年来，美国科学界和企业界一致公认，正是布什的伟大创见和极富感染力的精彩报告《科学：没有止境的前沿》为战后美国的国家创新体制和机制奠定了坚实的基础。就好比美国建国元勋之一、第一任财长汉密尔顿著名的《公共信用报告》和《关于制造业的报告》奠定了美国金融业和制造业的坚实基础一样。

除了国家科学基金会以外，一大批新的研究机构如雨后春笋般蓬勃兴起，最著名的包括兰德公司，它是美国空军下属的最主要的科学研究和技术开发机构，并很快成为全世界首屈一指的综合性科研机构和智库；斯坦福大学研究所及其附属机构增强研究中心（Augmentation Research Center）；私人企业施乐公司创建的施乐帕克研究中心。这些研究机构在众多科技领域都开辟了人类前沿的研究领域，取得了最先进的研究成果，更是互联网革命性发明和创新的生力军。

---

[1] Walter Isaacson, *The Innovators: How A Group of Hackers, Geniuses, and Geeks Created the Digital Revolution.* Simon & Schuster, 2014, p.220.

作为地地道道的麻省理工学院的明星科学家、创业家、企业家和科技工作领导者，布什的超前思想和伟大创见很自然地获得了麻省理工学院的众多追随者。他的报告发表之后，麻省理工学院和哈佛大学所在的麻省剑桥地区诞生了美国前沿科技领域里两家最重要也是最神秘的研究机构。一家名叫林肯实验室，由美国军方出资，附属麻省理工学院。数十年来，该实验室承担了美国军方最先进、最机密的军事武器研发工作。全世界都知道林肯实验室是美国军方最神秘莫测的研究机构。另外一家名叫 BBN（Bolt, Beranek & Newman）公司，是由麻省理工学院和少数哈佛大学工程师创办的研发公司，同样源自布什报告的启发和激励。这两家机构正是互联网科技革命和数字时代的主要发动者。

利克莱德：“人机共生理论”奠基人

像互联网这样划时代的科技革命，绝非某个人（哪怕是最高级的天才）单打独斗所能完成。如果人们真要寻找一个堪称互联网真正意义上的“之父”，业界人士可能会选择利克莱德。曾经担任美国国防部高级研究计划署信息科技中心主任和 PARC 研究中心主任的罗伯特·泰勒曾经说：“利克莱德是当之无愧的互联网之父！”[①]

利克莱德是一位心理学家兼技术专家。他从圣路易斯的华盛顿大学获得心理声学博士学位，随即加入哈佛大学心理声学实验室。他对心理学和科技之间的关系具有浓厚兴趣，尤其迷恋大脑与机器之间的交互作用。因此，在哈佛大学工作一段时间之后，他就到麻省理工学院电子工程系开设

---

① Walter Isaacson, *The Innovators: How A Group of Hackers, Geniuses, and Geeks Created the Digital Revolution*. Simon & Schuster, 2014, p.221.

了一门心理学研究课程。

二战之后的麻省理工学院，迎来了科学研究的黄金时代，大师云集，群星灿烂。利克莱德很快就加入了由数学大师、控制论奠基人诺伯特·维纳带领的讨论小组。维纳控制论希望解决的基本问题就是人类和机器如何协调一致、一起工作。控制论的基本思想就是一个系统（从人脑到弹道瞄准系统）如何通过通信、控制和反馈回路不断学习和改进。

麻省理工学院是现代人工智能学科的发源地。人工智能的基本愿景就是发明具有智慧功能的机器以代替大脑或人类自身。维纳的思想与此恰好相反，他相信计算机科学最具希望的发展路径是设计出能够与人类心灵和大脑很好配合、协调工作的机器，而不是设计出机器来取代大脑。

维纳曾经写道："很多人假设计算机器正在取代人类智能，减少我们对原创思想的需求，事实不是如此。"[1]

维纳相信，计算机功能越强大，就越能够与富有想象力、创造性、高水平的人类思想实现对接、融合和相互促进。

利克莱德成为维纳思想的忠实追随者，后来他将这个思想方法概括为人机共生。正是由此出发，利克莱德奠定了互联网的两个最主要的概念：一是分散网络的概念，分散网络能够让任何地方的信息实现双向分布或传输；二是人机交互界面的概念，人机交互界面让人和机器实现实时互动。

利克莱德对艺术和创造性之间的关系同样有着极其深刻的理解。首先他对艺术的热爱尤其是对绘画艺术的热爱达到了近乎痴迷的程度。他时常到博物馆去观摩、研究绘画大师的作品，分析和欣赏他们的绘画技巧，领悟大师作品是如何构思出来的，并从中体会创造的奥秘。

---

[1]　Walter Isaacson, *The Innovators: How A Group of Hackers, Geniuses, and Geeks Created the Digital Revolution.* Simon & Schuster, 2014, p.222.

他从艺术到科学，甚至对所有领域的创造性才能都具有惊人的直觉感受。他认为从创造性才能最纯粹的形态里，最能够体会和认知真正的创造性，譬如绘画大师的运笔技巧和作曲家对韵律的把控。利克莱德成为一个真正富有高度经验的创造力洞察者，他经常讨论是什么让人们具有创造力。他认为洞悉艺术家的创造力比较容易，工程技术方面则比较困难，因为我们很难从工程技术里面看到像大师画笔技巧那样纯粹的创造力形态。

20 世纪 50 年代，利克莱德与麻省理工学院的人工智能开创者约翰·麦卡锡一起，开启了迈向互联网的第一步，那就是实现计算机的主机共享。

之前，人们使用计算机的方式是所谓的批量处理模式，即想利用计算机计算的人必须将自己的问题编制成一堆卡片或磁带，交给计算机操作人员来处理，且需要数小时乃至数周才能得到计算结果，任何小错误都将功亏一篑，必须重新提交卡片或磁带给计算机操作员。这种使用计算机的方式当然令人苦恼、困惑和沮丧。

利克莱德开创了计算机的共享时代，即一个主机配置多个终端，每个终端直接向主机发送指令并立刻得到结果。计算机主机的中央处理器存储所有终端用户的信息，同时运行多个程序。这从根本上改变了人们使用计算机的模式，极大地改善了用户体验。用户可以直接与主机对话，就像人与人面对面交谈那样。利克莱德后来回忆说，主机共享模式与批量处理模式如此不同，我们简直对此拥有一种类似宗教般的热情。

主机共享模式是实现人机伙伴关系或人机共生的关键一步。罗伯特·泰勒说："通过主机共享实现人机互动计算甚至比发明计算机还要重要。批量处理模式好像是与人们交换信件，互动计算则是直接与人们交谈。"[1]

---

[1] Walter Isaacson, *The Innovators: How A Group of Hackers, Geniuses, and Geeks Created the Digital Revolution.* Simon & Schuster, 2014, p.225.

国防的尖端技术需要是刺激互动计算发明的核心动力，附属于麻省理工学院的林肯实验室是主要推动者，利克莱德则是这项发明的关键人物。

　　1951 年林肯实验室创立之时，利克莱德就是主要参与者。林肯实验室的重要使命之一就是为防空体系设计建造计算机系统。该防空体系必须能够为敌人进攻提供早期预警并迅速协调反击行动。研究项目的全称是"半自动地面防空系统"（Semi-Automatic Ground Environment, SAGE），为该项目所动用的资金和人力甚至超过著名的曼哈顿计划。整个系统涵盖全美 23 个跟踪中心，它们由长途电话线相互连接，系统设计能力要求同时且即时分析多达 400 架高速飞行的飞机信息。这必然要求所有参与分析的人员能够与计算机实时互动，需要强大的互动计算能力，需要网络即时传输庞大的信息量，需要显示屏将各种信息以简单易懂的方式显示出来。

　　具有心理学和计算机技术两种学术背景的利克莱德，自然成为林肯实验室负责设计人机交互界面的当然人选。他构思了一系列理论和方式，以实现人机之间的伙伴关系，即人和机器如何合作解决问题，尤其重要的是找到一种办法，形象化地即时传输动态情况。

　　利克莱德说："我们渴望找到一种办法，能够以秒为单位动态记录空中情况，画出运行轨迹，而不是仅仅记录简报，并且以彩色形式描述运行轨迹，以便我们知道最新信息是什么，事情将会朝哪个方向发展。"[1]利克莱德认为美国的国防安全就取决于控制操作员如何准确评估信息，以及如何即时做出应对抉择。

　　利克莱德所构想的 SAGE 系统由三个关键部分构成：交互式计算机、直觉式交互界面和高速传输网络。三者有机结合才能让人和机器形成合作

---

① Walter Isaacson, *The Innovators: How A Group of Hackers, Geniuses, and Geeks Created the Digital Revolution.* Simon & Schuster, 2014, p.225–226.

伙伴关系，协调一致地工作。很快，利克莱德就将思维扩展到国防体系之外。他开始构想一个真正的 SAGE 系统，不仅将国防中心连接起来，而且能够连接思维中心，能把海量的知识库存储连接起来，用户通过友好的显示界面互动交流。利克莱德的构想正是今天我们身处其中的数字时代。

1960 年，利克莱德将他的上述构想以正式文章发表，题为《人机共生》，该文被公认为二战之后科技发展史上最具影响力的论文之一。

利克莱德在论文中宣称："我们希望用不了多少年，大脑和计算机器将非常紧密地结合到一起，构成大脑和计算机器的真正伙伴关系。其思维能力将超越任何大脑，其处理数据的能力将超越我们迄今为止所知的一切信息处理机器。"[①]利克莱德的宣言正是今天人类数字时代的关键概念。数十年之后，它完全成为现实。

利克莱德的思想源自维纳的控制论，控制论的基本思想就是人与机器的紧密协作。与维纳同时代任职麻省理工学院的科学界大师级人物马文·明斯基和约翰·麦卡锡则开启了另一条道路，那就是人工智能。他们致力于创造出具有创造性或智能的机器。它们能够自我学习，模仿人类的认知能力。

利克莱德追随维纳的控制论方法，他认为："现实有效的目标是创造一个环境，人和机器合作做出决策，提升各自的能力。人确定目标，提出假设，建立标准，实施评估；计算机器则负责处理那些必须完成的日常事务性工作，为发现技术和科学思想领域的深刻洞见，为制定重大决策铺平道路。"[②]

BBN 公司的模式与著名的贝尔实验室非常类似，它汇聚了一大批各个

---

① Walter Isaacson, *The Innovators: How A Group of Hackers, Geniuses, and Geeks Created the Digital Revolution.* Simon & Schuster, 2014, p.226.

② Walter Isaacson, *The Innovators: How A Group of Hackers, Geniuses, and Geeks Created the Digital Revolution.* Simon & Schuster, 2014, p.226.

领域的顶尖人才，包括理论家、工程师、技术专家、计算机科学家、心理学家，有时还有军队的中高级官员。创办初期，BBN 就开启了一个研究项目——未来图书馆（Libraries of the Future）。

具有心理学和工程学双重背景的利克莱德成为负责 BBN 未来图书馆项目的合适人选。据说他在拉斯韦加斯参加一个会议期间，躺在游泳池边思考了 5 个小时，写出了《未来图书馆》的研究报告。

利克莱德在报告里首次畅想了人和计算机在线交流的可能性及其所需的技术和设备，也就是畅想了今天的互联网。利克莱德畅想的未来图书馆汇聚了巨大的信息数据库，这个数据库要经过整理和裁剪，以免信息过于分散、繁多和缺乏可靠性。不仅如此，利克莱德在报告里还生动地描绘了今天人们习以为常的互联网搜索功能。

人们向机器提出问题和要求，机器则根据人的要求从事如下工作："在周末，机器检索超过 1 万份文件，仔细扫描文件以寻找与问题相关的内容丰富的材料，并采用高阶位的谓词逻辑计算方法进行分析，将全部文件里与问题相关的内容丰富的材料归纳整理成为各种结论，并将结论存储到数据库。"[①]

令人惊异的是，利克莱德预言他所描述的方法还不是最好的方法，它将很快被更先进的方法取代，时间不会超过 1994 年！他几乎精准预测了互联网搜索功能的技术发展。1994 年，第一个文本扫描搜索引擎 WebCrawler 和 Lycos 问世，它们很快就被更先进的搜索引擎 Excite、Infoseek、AltaVista 和谷歌取代。许多人愿意将利克莱德称为"互联网之父"，确实名不虚传。

基于万尼瓦尔·布什"军事—产业—大学"三位一体的伟大构想，美

---

① Walter Isaacson, *The Innovators: How A Group of Hackers, Geniuses, and Geeks Created the Digital Revolution.* Simon & Schuster, 2014, p.227.

国国防部成立了高等研究计划署，使命就是赞助和指导大学和公司进行与国防军事相关的基础科学和应用科学研究。

1957 年 10 月 4 日，苏联成功发射人类第一颗人造地球卫星斯普特尼克号（Sputnik），震惊世界。美国举国上下更是受到极大震撼。夜幕降临之后，苏联人造地球卫星在天空中闪烁的光芒，时刻敲打着美国科技界、军界和政界有识之士的心灵。当美国人眯着眼睛遥望那颗人造卫星之时，他们才深刻意识到，布什所描述的科学与国防之间的紧密关系是如此正确：国家只有下决心支持最好的基础科学研究，才能拥有最好的导弹和人造卫星。苏联人造卫星的成功发射甚至激发出美国普通民众的某种恐慌情绪。

时任美国总统艾森豪威尔热爱科学，他喜欢科学家的文化、科学家的思想方法、科学家非意识形态化的理性思维模式。在他的首次总统就职演讲里，艾森豪威尔宣告："热爱自由就意味着我们必须妥善保护让自由成为可能的一切资源，从神圣的家庭、肥沃的土地到科学家的天才。"[1]

艾森豪威尔经常邀请科学家到白宫共进晚餐，还聘请了许多顶级科学家担任他的顾问。如果说布什从思想上构建了"军事—产业—大学"三位一体的美国国家创新体制，那么，艾森豪威尔则从政策和制度上落实了三位一体的创新体制。苏联人造地球卫星成功发射之后不到两周，艾森豪威尔就召集美国国防动员办公室的 15 位顶级科学家，询问他们科学研究应该在联邦政府结构里占据什么位置。紧接着，他邀请麻省理工学院校长詹姆斯·基利安共进早餐，当场聘请基利安出任总统全职科学顾问。1958 年 1 月，基利安和时任美国国防部长一起正式向总统提交创建高等研究计划署的计划。美国历史学家弗雷德·特纳说："高等研究计划署大大扩展了第

---

[1] Walter Isaacson, *The Innovators: How A Group of Hackers, Geniuses, and Geeks Created the Digital Revolution.* Simon & Schuster, 2014, p.228.

二次世界大战期间发端的以国防军事为目标的'军事—大学'科研联合体机制。"①

利克莱德领导的研究小组名叫"指挥和控制研究小组"（Command and Control Research），旨在研发促进信息沟通的交互式计算机。高等研究计划署内部还有一个研究小组，负责研究军事决策里的心理因素。利克莱德认为两个小组研究的问题本质上是一样的，因为指挥和控制问题的本质就是人和计算机的交互作用。

高等研究计划署接受利克莱德的建议，决定将两个小组合并，新的研究项目被命名为高等研究计划署的信息处理技术办公室（Information Processing Technologies Office，IPTO）。利克莱德给新的研究项目注入众多令人兴奋的新思想和灵感，最醒目的想法是倡导计算主机分享模式，人机实时互动，实现人机共生的交互界面。所有这些想法整合到一起就是一个简单的概念：网络。利克莱德故意给自己的构想取了一个宏大无比的名字：星际计算机网络（Intergalactic Computer Network）。

1963 年 4 月，他为"星际计算机网络"构想写了一份备忘录，其中明确提到网络连接需要某种共同语言："想想吧，我们要将多个中心以网络形式连接到一起，所有中心都必须同意使用某种语言或至少商定某种规则来进行沟通交流，譬如相互询问你讲哪种语言，这难道不是非常有益甚至是完全必需的吗？"②利克莱德所构想的网络共同语言，就是今天大家熟知的互联网规则。

---

① Walter Isaacson, *The Innovators: How A Group of Hackers, Geniuses, and Geeks Created the Digital Revolution.* Simon & Schuster, 2014, p.229.

② Walter Isaacson, *The Innovators: How A Group of Hackers, Geniuses, and Geeks Created the Digital Revolution.* Simon & Schuster, 2014, p.229.

RFC：互联网创新机制的典范

互联网的发明历程给我们提供了创新秩序的经典范例。

如果说蒸汽机、电、汽车、计算机等的发明，主要是极少数企业英雄和科技天才的灵光一闪，那么，互联网和个人计算机的发明则主要是集体合作创造和创新的结果。

斯蒂芬·克罗克（Stephen Crocker）和文特·瑟夫（Vint Cerf）所创造的 RFC（request for comments，"请发表评论"的意思），是集体合作创造和创新的典范。它彰显了分散式、共享式和集体式创新和创造的伟大传统及其无限活力。

互联网发明历史上的重要一步，是美国国防部高级研究计划署的首席科学家拉里·罗伯茨选择 4 个美国大学研究机构作为首批接入阿帕网（ARPANET）的试点单位。它们分别是莱恩·克兰罗克所领导的加州大学洛杉矶分校的网络测试和计量研究中心、道格拉斯·恩格尔巴特所领导的斯坦福国际研究院、伊凡·萨瑟兰所领导的犹他大学网络研究中心，以及加州大学圣巴巴拉分校。这些研究机构都接受高等研究计划署的资助。

这些研究机构有一项共同的任务，就是要找到一种方法，将它们各自的主计算机连接到拟议中的 ARPANET 的路由器。当时还没有路由器这个名称，当时的名称叫界面信息处理器（Interface Message Processors，IMPs）。高等研究计划署已经委托 BBN 公司研发制造首批 IMPs。将各个研究所的主计算机与 IMP 连接，实际上就是要设计出标准化的界面软件。当时谁也不知道这是怎么回事，或者应该怎么做。4 个研究中心的资深教授将具体工作委派给年轻的研究生去考虑。

圣巴巴拉分校的研究生团队里恰好有两个似乎天生注定要成为记入互联网史册的人物，一个叫斯蒂芬·克罗克，另一个叫文特·瑟夫。两个人不仅是同事，而且是最好的朋友，还毕业于加州的同一所高中。几十年之后，两个人都被互联网社会（Internet Society）选入"互联网名人堂"。瑟夫确实被公认为互联网的先驱之一，他与罗伯特·卡恩一起，几乎荣获了计算机领域的所有重要奖项，包括计算机科学领域里最崇高也是最著名的图灵奖。

当高等研究计划署将构思和设计网络接入协议和标准的任务委派给圣巴巴拉分校的时候，克罗克和瑟夫都不过是 20 多岁的年轻人，他们对网络接入还没有任何概念。当然，那时候世界上也没有几个人知道什么是计算机网络。

然而，他们却很快发现一个基本真理，那就是团队成员经常聚会，面对面交流想法，才能最有效地激发创意和新思维。克罗克和瑟夫一拍即合，很快就组建了一个类似鸡尾酒会的定期聚会。大家热烈讨论，气氛融洽，新主意层出不穷。有了新的想法之后，大家各自回去玩儿命工作，到下一次聚会的时候再来讨论和相互碰撞。

克罗克天生是一个谦逊友善、和蔼可亲的人，他身上没有丝毫的傲慢无礼和自我标榜，总是替别人着想。据说克罗克说话都很少使用第一人称。所以他很自然地就成为圣巴巴拉年轻研究生工作小组的召集人，负责协调和组织鸡尾酒会那样的讨论会，却从不将任何意见和观点强加于他人。克罗克无意之中开启了互联网时代或者说数字信息时代最典型、最有效的合作方式与创新机制，这个创新机制的关键特征就是：自由、开放、平等、分享。

起初，克罗克和瑟夫等人还没有想那么多，他们一方面非常积极地相互交换想法和主意，一方面等待华盛顿的高等研究计划署或者麻省理工学院（总之是美国东部的某个权威机构）给他们下达指示，告诉他们网络接入的规则、标准或协议。然而，等待了好几个月，权威人士也没有来。年轻的克罗克和瑟夫那时可能没有想到，华盛顿和剑桥地区的权威部门或人士也不知道网络接入的规则、标准或协议应该是什么，因为这完全是人类历史上的全新科技发明。

或许更重要的是，克罗克和瑟夫所组织的鸡尾酒会式的非正式研究聚会和讨论，恰好击中了互联网时代合作创新机制的关键点。

一个新的时代来临了。

网络能够持续演化和发展的本质特征就是去中心化、民主式分布，没有任何权威或中心来主导一切。网络应用的所有规则或标准应该是用户参与制定或发明，是经过无数人的互动而产生，而不是由某个权威机构或个人来发布指令，其他人遵照执行。网络上的所有合作过程或研发过程都应该是开放的，人人都能够共享信息资源和新的创意。

所以，几个月之后，也就是 1967 年 4 月，克罗克和瑟夫等年轻的研究生跑到犹他大学举行了一次鸡尾酒聚会，并决定成立网络工作小组。工作小组决定将他们所构思的东西以文字形式写下来，以便交流和改进。克罗克的谦逊品格和合作精神使他成为具体操作此项交流任务的最佳人选，他认真思考了以哪种方式进行最为合适。要促使一帮具有奇思妙想和个性迥异的计算机天才和网络黑客达成一致意见，并非一件容易的事情。

克罗克首先想到的是，互相交流的文本不能有任何专横或自以为是的口气，否则那些怪才就不会买账，甚至会反感。

克罗克回忆说："我很快意识到，就算我们只是将大家热烈讨论的东西写下来，也很可能被那些年轻人看作是某种傲慢权威要来对他们指手画脚。说不定某个时候，某个权威人士就要来对他们高声训话。假想中的权威人士肯定来自东部。"①

如何从工作小组成员之间交流的文件里消除任何傲慢或指手画脚的痕迹或语气？克罗克为此绞尽脑汁，多次深夜醒来为此构思。他回忆说："当时我和女朋友一起住在她父母家，还有她和前任男友所生的小宝贝。为了不打搅家人，夜晚我唯一能够工作的地方就是躲进浴室。所以我经常赤身站在浴室，匆忙潦草地写下思考的要点。"②

这就是现代互联网领域经久不衰的一个创新机制的起源——RFC。克罗克经过认真思考才想出这么一个非常低调和谦逊的名字。

克罗克回忆说："我最初就是为了强调讨论和交流的非正式状态，所以才想到这样一个看起来愚蠢可笑的小题目，要求每个人对文档要发表点评论，至于事实上是不是真的算是一个要求，也就不那么重要了。"③

1969 年 4 月 7 日，克罗克发出互联网发展历史上第一份 RFC，它是以老式信件发送出去的。记住，那个时候还没有互联网，互联网还在构思中。克罗克以热情和随意的口气，同时也没有显示出过分热心，提出了第一份 RFC 所需要完成的任务：如何将每个研究中心的主计算机连接到网络上。

他说："1968 年夏天，4 个研究机构的代表就主计算机与网络连接的软

---

① Walter Isaacson, *The Innovators: How A Group of Hackers, Geniuses, and Geeks Created the Digital Revolution.* Simon & Schuster, 2014, p.254.

② Walter Isaacson, *The Innovators: How A Group of Hackers, Geniuses, and Geeks Created the Digital Revolution.* Simon & Schuster, 2014, p.254.

③ Walter Isaacson, *The Innovators: How A Group of Hackers, Geniuses, and Geeks Created the Digital Revolution.* Simon & Schuster, 2014, p.254.

件内容已经热烈讨论了好几次。我只不过是将初步达成的共识以及亟待解决的问题写下来，请求大家发表意见。RFC1 里面没有任何内容是确定的，它期待一切反馈意见。"[1]

收到 RFC1 的人感觉自己加入了一个充满快乐的集体创造旅程，而不是被一小撮"网络协议沙皇"呼来唤去。这正是网络新时代的文化，每个人的意见都要平等地受到尊重和吸收。

然而，克罗克和他的同伴完全没有想到，就是这样一个初看起来愚蠢好笑的小创意，却在整个互联网时代产生了极其深远的影响，发挥了巨大的作用。RFC 恰好就是互联网时代最完美的合作创新机制——友好、平等、包容，一种大学同窗之间的亲密交流氛围。

40 年之后，克罗克回忆道："在互联网初创的那段峥嵘岁月里，RFC 或许帮助我们避免了所谓专利和其他限制措施阻碍创新思想的涌现和分享，参与其中的人没有任何经济动机去控制网络规则。没有私利掺杂其中，我们能更容易达成一致意见。"[2]

互联网从诞生到不断发展壮大的过程中，出现过各种各样的协议和思想讨论，从最初的 NCP（网络控制协议）到现代互联网的基石——TCP/IP 协议族（传输控制协议/网际互联协议），无一不闪耀着研究人员的智慧光芒。正是这些成百上千种协议的发明、讨论和完善，才使得人类社会逐步进入互联网时代。而这些闪耀着人类智慧结晶的思想成果大多以一种被称为 RFC 的文档格式记录下来。

---

[1] Walter Isaacson, *The Innovators: How A Group of Hackers, Geniuses, and Geeks Created the Digital Revolution.* Simon & Schuster, 2014, p.254.

[2] Walter Isaacson, *The Innovators: How A Group of Hackers, Geniuses, and Geeks Created the Digital Revolution.* Simon & Schuster, 2014, p.254.

1969 年，当克罗克首创 RFC 机制之时，目的是建立一种快速共享互联网网络研究思想的方式。最初 RFC 是以书面形式分发的，后来又有了 FTP（文件传输协议）、E-mail 等通信方式，RFC 就以在线电子文本的形式提供，当然现在通过 WWW（万维网），在很多站点可以很方便地访问 RFC 文档。

RFC 一直以来主要是用于促进互联网的标准化。RFC 是互联网开放性的产物，任何人都可以访问 RFC。互联网这一致力于信息共享的网络，它首先共享的就是以 RFC 形式出现的涉及其自身研究、设计和使用的信息。

这一独特的方式对于互联网的发展、完善具有相当关键的作用。发展到现在，RFC 文档已不仅仅是关于互联网标准的文档了，而且也不局限于 TCP/IP 范围，它几乎包含了与计算机通信有关的任何内容，全面反映了互联网研究、发展的过程。

谁发明了互联网

如果人们一定要追问：谁发明了互联网？谁对互联网和数字信息时代贡献最大？这样的问题可能永远没有一个一致公认的答案。

牛顿发现了万有引力定律，麦克斯韦发现了电磁学原理，爱因斯坦创立了相对论，人们没有任何疑义。那些伟大的科学理论确实是个人天才的灵光闪耀，当然他们都是站在前辈科学家的肩膀上才完成了盖世伟业。

同样，人类第一台个人计算机的发明者也很难归功于某一个人，因为有许多人为此做出贡献。乔布斯、盖茨、沃兹尼亚克和艾伦或许是开启个人计算机时代最重要的几个人物，乔布斯、沃兹尼亚克开辟和引领了个人计算机的硬件发展方向，盖茨、艾伦则开辟和引领了个人计算机的软件发展历程。但没有谁称他们为"个人计算机之父"，因为个人计算机是那个时代无数人智慧和思想的结晶。

与个人计算机一样，我们很难认定某个人或某几个人为"互联网之父"，尽管人们通常将TCP/IP协议的创建者文特·瑟夫和罗伯特·卡恩以及万维网的发明者蒂姆伯纳斯－李称为"互联网之父"。他们的贡献非常突出，具有标志性意义，人们如此高地评价他们正是出于对他们伟大的标志性贡献的崇高敬意。

但是，从互联网发展和演变的历史过程来客观评说，互联网是人类历史上集体合作创造和创新的真正典范。我们今天回顾和研究互联网的发展和演变历程，正是为了深入总结人类集体合作创造和创新的机制和制度安排。

因为，面向未来，人类的前途和命运（不仅仅是经济上的前途和命运，而是人类生存发展中每一个方面的前途和命运）将主要甚至完全取决于我们能否寻找和维系一个全球范围内的集体合作创造和创新的机制和制度。为了应对人类共同面临的重大威胁和难题，诸如全球气候变暖、环境恶化、经济衰退、贫富分化、地缘政治冲突、恐怖主义等，只有依靠全球范围内的集体合作创新机制和制度安排，才有可能找到恰当的解决办法。互联网的发展演变历程可以给我们许多借鉴和有益的启示。互联网所体现的开放、包容、平等、共享精神，正是人类命运共同体所需要的精神，正是全球化时代人类新文明的精髓。

分组交换技术的开创者之一保罗·巴兰（Paul Baran）生动地阐述了互联网的集体合作创造和创新机制："技术发展的进程就好像建造一座天主教堂。在横跨数百年的岁月里，人们接踵而至，每个人都在前人建造的基础上添加一块砖瓦或建一座新的殿堂。每个人都可以说，我建造了一座教堂。下一个月，又有人来到这里，在现有教堂的屋顶上构建新的殿堂。随后，历史学家就来了。他问：那么，究竟是谁建造了这座教堂？彼得在这里添加了一些石头，保罗在那里添加了许多砖瓦。如果你没有仔细研究历史，你可能会自以为是，深信自己建造了教堂最重要的部分。但是，事实上，每一个人的贡献都是基于前人的工作。教堂的每一个部分都与其他部分密不可分。"[①]

是的，我们很难说谁对互联网贡献最大。如果没有万尼瓦尔·布什促进美国科学研究和技术进步的伟大构想，美国国防部就可能不会成立高等研究计划署；没有高等研究计划署，网络项目和其他高科技项目是否会及时上马则很难说。

即使有了高等研究计划署，如果没有利克莱德超越时代的科学思想，没有泰勒和罗伯茨的杰出领导，网络项目也不会进展得那么顺利。当然，如果没有麻省理工学院、斯坦福大学、加州大学洛杉矶分校、兰德公司、BBN 公司、英国国家物理实验室等众多研究机构杰出科学家的奇思妙想和辛勤工作，即使有美国国防部的资金支持，互联网也不可能诞生。

"军事—产业—大学"三位一体的合作模式，成功地推动了互联网的出现和发展，这是一项极其成功的制度创新。

非正式的机制和制度创新，对于互联网的成功发明和演变或许更加重要，至少初期如此。RFC 是非正式创新机制的经典案例，它以一种近乎随意的方式完美地诠释了互联网创新时代的本质特征——开放、包容、合作、分享、去中心化、去权威化。

[①] Walter Isaacson, *The Innovators: How A Group of Hackers, Geniuses, and Geeks Created the Digital Revolution.* Simon & Schuster, 2014, p.260.

正如互联网工程特别小组（Internet Engineering Task Force）的早期重要成员戴夫·克拉克所描述的："我们完全拒绝国王、总统和所谓投票机制。我们相信草拟的一致意见和运行代码。"[①]

结果就是网络创新共同体，就是众包模式和源代码开放模式大行其道，它们成为互联网时代集体合作创新的生态体系。

事实上，开放、包容、合作、分享、去中心化、去权威化，正是一切有机生态体系动态演化发展的基本模式，也是经济学者数百年来所追求的理想的市场经济模式，是一种去中心化、去权威化、竞争和合作并行不悖的市场秩序。

---

① Walter Isaacson, *The Innovators: How A Group of Hackers, Geniuses, and Geeks Created the Digital Revolution.* Simon & Schuster, 2014, p.261.

结　论

创新的规律和人类的未来

经过漫长的跋涉，我们终于可以暂停下来，对自己的思考做一个总结。

《新经济学》全五卷旨在探索创造和创新的内在规律。我们从人心面向未来的无限创造性的本质出发，开启探索人类经济体系复杂性丛林的艰难历程，饱览人类无数超级天才所创造的辉煌成就，见证硅谷和以色列创新生态体系所创造的惊人奇迹。

探索和体验人心的无限创造性，永远是那么扣人心弦、令人激动，生命闪耀的最灿烂、最神奇的光辉就是无限创造性和永恒的创新活力。思考和研究人心的无限创造性和永恒的创新活力，永远是最重要的人生课题，因为它关乎人类的未来。人类的未来完全取决于我们如何弘扬人心的无限创造性，如何激发永恒的创新活力。未来就是人的创造。

我从《新经济学》全五卷的思考和探索里提炼出创造和创新的 7 个基本规律，即"创造七律"。

第一律：文化至上。

创新首先是一个文化现象，不是一个技术和经济现象。

第二律：自由独立。

独立精神和自由思想是一切创新和创造的根源。

第三律：生态体系。

创新的生态体系是创新和创造的内在根本机制。

第四律：多元包容。

开放、多元、包容和富有创造性的教育科研体系是一切创新生态体系的本质和内核。

第五律：去中心化。

去中心化、全方位的连接和协作必然形成自发自在的创新秩序。

第六律：跨界融合（"美第奇效应"）。

跨界融合是激发创新和创造的最丰富源泉。

第七律：专注持久。

任何伟大的创新必然是长期专注和坚持不懈的成果。

在"创造七律"之中，最重要且最关键的规律是创造和自由的关系。自由的心灵是一切创造的前提。唯有独立精神和自由思想才能真正激发和弘扬人心的无限创造性和永恒的创新活力。人类的一切文化和制度必将或终将致力于最大限度地保障人的独立精神和自由思想。

爱因斯坦是创造性科学天才的终极偶像，他传奇的科学成就给创造和自由的关系做了最佳的说明。爱因斯坦年轻时的座右铭是"狂妄万岁"。他的创造性个性一言以蔽之，就是"富有想象力的特立独行"。他是有史以来科学界最伟大的富有想象力的特立独行者。

爱因斯坦科学理念和教育思想的核心就是想象力和自由，他最著名的格言是"想象力比知识重要"！

纽约州教育部门曾经询问晚年的爱因斯坦：学校教育最应该强调什么？爱因斯坦的回答是："当我们教学生历史的时候，我们应该深入探讨那些伟大人物的个性，正是他们独立的人格和思想造福了人类。"[①]他还说："每个教师都应该以十分友好的态度接纳学生对教学内容的批判。学习材料和内容的积累绝不能以牺牲或遏制学生的独立思考能力为代价。"[②]

今天，全世界的有识之士都认识到一个基本真理：一个国家和民族的竞争力并不取决于学校教给学生多少现有的知识，而是取决于学校和教师如何激发和弘扬学生的想象力和创造力。

---

① Walter Isaacson, *Einstein: His Life and Universe.* Simon &Schuster, 2007, p.6.

② Walter Isaacson, *Einstein: His Life and Universe.* Simon &Schuster, 2007, p.6.

沃尔特·艾萨克森在《爱因斯坦传》里写道："爱因斯坦的成功来自他敢于怀疑约定俗成的传统知识和智慧，来自他敢于挑战权威，来自他对于人们习以为常的事物具有惊人的好奇心。所有这些，让爱因斯坦全身心地拥抱基于自由心灵、自由精神和自由个人的道德观念和政治制度。专制集权政府自然会排斥他。然而，爱因斯坦深信，包容或宽容不仅仅是令人愉悦的个人品德，更是一个富有创造性的社会所必需的前提条件。爱因斯坦说得非常清楚：最重要的是养成独立的个性，培养独立的个人，因为唯有独立的个人才能产生新的思想。"[①]

乔布斯是信息科技时代创新浪潮的偶像，他以"非同凡想"来概括自己的全部经营哲学和人生信条。爱因斯坦正是乔布斯的偶像。乔布斯或许是有史以来最特立独行、狂妄不羁的企业家。他有一个惊世骇俗的人生口号："在宇宙间制造出一个凹痕！"乔布斯多次宣称，他发明的个人计算机正是反文化的产物。从麦金塔到iTunes、iPad、iPhone，乔布斯带领苹果公司创造的所有产品，都是他特立独行、与众不同的个性化的产物，是乔布斯自由精神和独立思想的产物。乔布斯和苹果公司的传奇是自由精神的传奇，自由文化的传奇，自由心灵的传奇，是独立精神、自由思想激发无限创造性的经典案例。

人类经济正在飞速迈向智能经济或智慧经济时代，也就是经济增长和财富创造主要甚至全部依靠人的知识、智慧和创造性的崭新时代。那是真正的创造性经济时代，是人类的未来。任何民族、任何国家、任何政府、任何公司、任何个人都只有两个选择：要么热烈拥抱和全身心投入创造性经济时代，要么被创造性经济时代彻底抛弃。

---

① Walter Isaacson, *Einstein: His Life and Universe.* Simon &Schuster, 2007, p.6.

没有人希望被时代彻底抛弃，所有人都渴望成为时代的弄潮儿。要想不被彻底抛弃，唯一的选择就是最大限度地激励和保障每个人的独立精神和自由思想，最大限度地激发和弘扬每个人内心深处的无限创造性。

舍此，我们别无选择！

参考文献

［1］埃德蒙·费尔普斯.大繁荣：大众创新如何带来国家繁荣［M］.2版.余江,译.北京：中信出版社，2018.

［2］彼得·蒂尔，布莱克·马斯特斯.从0到1：开启商业与未来的秘密［M］.高玉芳,译.北京：中信出版社，2015.

［3］张五常.经济解释（二〇一四合订本）［M］.北京：中信出版社，2014.

［4］Dan Senor, Saul Singer. *Start-up Nation: The Story of Israel's Economic Miracle*. Twelve Hachette Book Group, 2011.

［5］Clayton M. Christensen.*The Innovator's Dilemma: When New Technologies Cause Great Firms to Fail*. Harvard Business School Press, 1997.

［6］Special Entrepreneurship Issue. *Foreign Affairs*, Volume94, January/February, 2015.

［7］Joseph A. Schumpeter, *The Theory of Economic Development: An Inquiry into Profits, Capital , Credit, Interest, and the Business Cycle*. Harvard University Press, 1934.

［8］Walter Isaacson. *Einstein: His Life and Universe*. Simon & Schuster. 2007.

［9］Walter Isaacson. *The Innovators: How A Group of Hackers, Geniuses, and Geeks Created the Digital Revolution*. Simon & Schuster, 2014.

［10］Walter Isaacson .*Steve Jobs*, Simon & Schuster, 2011.

［11］Michael S. Malone.*The Intel Trinity: How Robert Noyce, Gordon Moore, and Andy Grove Built the World's Most Important Company*. Harper Business, 2014.